Meine schönsten Gebete

»Ich bin überzeugt,
dass Kinder immer mehr wissen,
als sie sagen können;
das ist der große Unterschied zwischen ihnen
und uns Erwachsenen,
die wir bestenfalls ein Hundertstel dessen wissen,
was wir sagen.«

JACQUES LUSSEYRAN

Nach dem vollzogenen Erwerb der Muttersprache arbeitet jedes Kind daran, sich eine, wenn auch noch so vorläufige und fragmentarische (bruchstückhafte) Weltanschauung zu bilden. Die Gedankenwelt des Kindes wird zwar geprägt von seiner Familie, ihren Werten und Anschauungen, und später von der Schule, aber wie es diese Einflüsse nach seinen Kräften geistig umschafft, zu seinem geistigen Eigentum macht, ist seine ureigene, erstaunliche Leistung. (...)

Kinder sind Philosophen. Sie fragen:

Was war ich,
bevor ich geboren wurde?
Hat die Zeit einen Anfang?
Was war, bevor Gott
die Welt erschaffen hat?
Erlebe ich das, was ich jetzt erlebe,
wirklich, oder ist das nur ein Traum
oder wie ein Film?
Warum gibt es Leid und
das Böse auf der Welt?
Existieren die Dinge auch,
wenn ich nicht hinsehe?

Kinder sind ideale Partner für das philosophische Gespräch.

Hans-Ludwig Freese

Meine schönsten Gebete

Kinder sprechen mit Gott

Zusammengestellt von
Norbert Weidinger

Weltbild

Inhalt

Liebe Eltern,

vielleicht hat Ihnen jemand dieses Buch geschenkt, vielleicht haben Sie sich ganz bewusst selbst dafür entschieden, vielleicht wollen Sie es erst einmal nur testen. Mich freut, dass Sie sich für das Thema »Kindergebete« interessieren. Meine Idee war es, ein Gebetbuch für Kleinkinder zusammenzustellen, das sowohl uralte wie auch ganz neue Kindergebete enthält und das den Bogen von unserer näheren Heimat bis in die weite Welt spannt. Ein Gebetbuch, das vom ganz normalen Tagesrhythmus ausgeht und zu Grundstimmungen und -erfahrungen überleitet, die ein Kind bereits kennt und jeden Tag selbst aufs neue intensiv durchlebt. Kurz: Ein Gebetbuch, aus dem sich Anregungen und Ideen für eigenes kindgemäßes Beten schöpfen lassen, das über das bloße Auswendiglernen hinausgeht.

Als moderne Menschen machen wir uns so unsere Gedanken über Gott und die Welt. Nichts ist mehr selbstverständlich. Auch das Beten mit Kindern nicht. Unweigerlich tauchen in diesem Zusammenhang mehrere Fragen auf:

- Wann soll ich anfangen,
  mit kleinen Kindern zu beten?

- Taugen die alten Kindergebete
  noch, die ich selbst einmal in
  meiner Kindheit gelernt habe?

- Was soll ich tun, wenn ich
  selbst Zweifel habe?
  Spürt mein Kind das nicht?

- Soll ich das Beten dann nicht
  lieber ganz bleiben lassen?

- Tue ich meinem Kind überhaupt
  etwas Gutes, wenn ich mit ihm
  bete?

- Was ist das überhaupt –
  beten?

Um Ihnen und Ihrem Kind bzw. Ihren Kindern den (heute oft schwierigen) Zugang zum Gebet ein wenig zu erleichtern, habe ich als Orientierungshilfe dieses Buch mit zahlreichen Gebetsvorschlägen und christlichen Liedern aus verschiedenen Jahrhunderten und Kulturkreisen für Sie zusammengestellt. Die Texte wollen nicht nicht nur vorgelesen und nachgesprochen bzw. nachgesungen werden, sondern eignen sich auch zum Weiterdenken und regen die (Gebets-) Kreativität des Kindes an. Dieses Buch versteht sich somit auch als häusliches Arbeitsbuch. Ich wünsche Ihnen deshalb viele schöne Gebetserlebnisse im Kreise der Familie und gute Ideen für weitere Gebete, die Ihnen helfen, Ihr (Zusammen) Leben bewusster zu gestalten.

München, in der Adventszeit 1997

Ihr Norbert Weidinger

Heute mit Kindern beten

Sohn: »Ist Gott geboren?« – Mutter: »Ich erzähle es dir, wenn du größer bist.« – Sohn: „Gott hat doch all die Menschen geschaffen, da muss er doch auch selbst geboren sein.« – Mutter: »Gott ist nicht geboren und Gott stirbt nicht, er ist unhörbar und unsichtbar, wie, das erzähle ich dir, wenn du größer bist.« – Sohn: »Wenn Gott nicht stirbt, sterben alle Menschen nicht.« – Mutter: »Das erzähle ich dir alles, wenn du größer bist.« – Sohn: »So etwas darf man nicht sagen, das ist ungezogen.« – Vater (streichelt ihn): »Du bist ein kleiner Metaphysiker, ein kleiner Philosoph.« – Sohn (überlegt eine Weile, sucht offenbar nach einem Schimpfwort, das er für den Metaphysiker zurückgeben kann): »Du bist ein Krokodil!«

Gespräch des Psychologen-Ehepaares Katz mit seinem fünfeinhalbjährigen Sohn

Ab wann soll man mit Kindern beten?

Wenn ich es mir recht überlege, kann ich darauf eigentlich nur eine Antwort geben: sobald Sie mit Ihrem Kind zu sprechen beginnen, also schon weit vor der Geburt. Das Wunder des Lebens, dass ein Kind im Körper seiner Mutter heranwächst, gibt Anlass zu staunen, weckt Freude, schürt Ur-Ängste, lässt spüren: Es ereignet sich etwas, das im Grunde unfassbar ist. Viele – ich eingeschlossen – empfinden es in dieser Situation des Fasziniertseins und gleichzeitig des inneren Erschreckens als ganz natürliches Bedürfnis, zu beten – für sich und das Kind. Das ist der Anfang. Beten kann dann bedeuten: Das Leben als Gabe und Aufgabe bejahen, ihm trauen und gleichzeitig Gott um Hilfe bitten.

Die Frage nach dem Anfang lässt sich auch entwicklungs- und religionspsychologisch angehen, sobald das Ereignis von Geburt (und Taufe) erlebt und gefeiert ist – unabhängig von dem weitergeführten (inneren oder tatsächlichen) Dialog zwischen Säugling und Mutter/ Vater. Dieser Dialog kann jederzeit zu

Gott hin geöffnet werden. Beten ist dann eingebettet in die Selbstwerdung, Reifung und soziale Entwicklung des Säuglings und Kleinkindes: in die Erfahrungen des Hunger- und Dursthabens, des Geliebt- und Geborgenseins, des Sich-Lösens aus der Mutter-Kind-Einheit und den daraus erwachsenden frühkindlichen Ängsten bis hin zur »sozialen Geburt« des Kindes hinein in erste Freundeskreise, in die Kindergartengruppe und Schulklasse.

Manche Entwicklungspsychologen behaupten, dass Kleinkinder mit etwa neun Monaten bereits gefühlsmäßig wahrnehmen, wenn Eltern beten und ihr Kind in dieses Gebet mit hineinnehmen. Das so genannte »Resonanzlächeln«, aber auch das Reagieren mit Strampeln oder die Tränen des Verlassenseins deuten an, dass die Selbstwerdung voranschreitet. Das Kreuz auf die Stirn, der Gute-Nacht-Kuss, ein kurzes Gebet sind angemessene Reaktionsweisen, die dem Kind gut tun. Das Kleinkind nimmt dieses Ausgerichtetsein der Eltern auf etwas Anderes, Größeres über seine Tiefenschichten unbewusst wahr – vor allem dann, wenn es diese Erfahrung regelmäßig macht.

Wie soll man mit Kindern beten?

Aus dem Blickwinkel der Wissenssoziologie und Völkerkunde sind alte Sprichwörter wertvolle »Speicher« und »Kornkammern« von erfahrungsgesättigtem »Lebenswissen« – auch die dem »Volksgut« entstammenden alten Kindergebete gehören hierher. Lebenswissen zeichnet sich dadurch aus, dass es sich nicht irgendein Wissenschaftler am Schreibtisch ausgedacht hat. Es beruht auf den Lebenserfahrungen von vielen Generationen. Dies trifft auch auf unsere ältesten Kindergebete zu, die ich für dieses Buch da und dort ein bisschen vom »Staub« befreit habe, um sie erneut ins Bewusstsein zu heben. An ihnen lässt sich sehr gut ablesen, was für das Beten mit Kleinkindern (von der Form her) besonders wichtig und zu beachten ist.

In der Kürze liegt die Würze

Viele alte Kindergebete bestehen nur aus wenigen Zeilen, teilweise nur aus einem einzigen Satz, dessen Struktur ganz einfach und von daher auch für die Kleinsten leicht nachvollziehbar ist. Deshalb fängt jedes Kapitel dieses Kindergebetbuches mit kurzen Gebeten an. Sie werden dann zunehmend länger, damit die Größeren „hineinwachsen" können. Kleinkinder haben Freude an einer rhythmischen Sprache und an Reimen (Klangreime genügen oft). Kurze, gereimte Gebete prägen sich leichter ein, geben gefühlsmäßig Halt, Sicherheit und die Selbstbestätigung: »Ich kann das ganz alleine auswendig!« Viele schöne alte Kindergebete ermöglichen eine für Kinder sehr wichtige Ritualisierung, die allerdings nicht zur leeren, seelenlosen Routine werden darf. Ihnen als Eltern oder Großeltern bleibt es somit nicht erspart, eine ihrem Kind oder Enkelkind entsprechende (und insofern verantwortungsbewusste) Auswahl zu treffen bzw. einzelne Gebete umzuformulieren. Nehmen Sie sich diese Freiheit! Und machen Sie sich mehr und mehr unabhänig!

Musikalische Begleitung

Manchmal können diese Kindergebete gesungen oder frei mit einfacher Leiermelodik unterlegt werden. Wenn zum Gesang noch die Bewegung dazukommt, ist das ein so genanntes Spiellied. Dies ermöglicht die vom Kleinkind geschätzte wortwörtliche Wiederholung (oder dürfen *Sie* beim Märchen-Erzählen Worte verändern? *Ich* durfte das jedenfalls nie!), die Geborgenheit ausstrahlt. Kleinkinder erleben Wiederholungen und Rituale als lustvoll; sie freuen sich, weil sie genau wissen, wie es weitergeht. Wiederholungen wecken in ihnen das Gefühl der Geborgenheit, z. B. beim Abendgebet. Sinnvoll für den Anfang sind auch die ganz schlichten Kinderlieder (z. B. »Kommt alle und freut euch«, Seite 71). Die Kinder ergänzen ein einziges Wort oder aber tauschen eines aus: Nur ein einziges neues Wort – und schon haben sie eine eigene, neue Strophe gedichtet.

Geformtes oder freies Beten – was ist besser?

Beten mit kleinen Kindern lässt sich nicht auf die geformte Sprache der alten Kindergebete einengen. Das freie Beten ohne festen Text und ohne Reime ist ebenso möglich und wichtig. Eltern und Kinder lösen sich von vorgegebenen Mustern und Vorlagen, äußern sich ganz frei, eigenständig und authentisch. So »erfinden« schon Kleinkinder ihre eigenen Gebete. Gebete sind wie eine Schale, die Kind und Eltern mit ganz persönlichen Gedanken, Erlebnissen und Gefühlen jeden Tag neu füllen können. Sie teilen sich beim Beten gegenseitig und Gott mit, was sie freut oder schmerzt, begeistert oder bedrückt, verstummen lässt oder Jubelstürme auslöst. Ein einfaches »Stoßgebet«, ein spontaner Satz genügt am Anfang vollkommen. Beispiel: »Die Sonne scheint so warm. Danke, guter Gott!«

Oder aber die Kinder erzählen schlicht und einfach, »wie ihnen der Schnabel gewachsen« ist. Kinder haben häufig großen Spaß daran, Dinge aufzuzählen, die sie erlebt haben. Auch das kann bereits ein Gebet sein.

Wie soll man Gott ansprechen?

Die Anrede kann sich auf ein ganz schmuckloses „Gott“ beschränken oder erweitert werden auf »großer Gott« oder »guter Gott«. Mit dem geläufigen »lieber Gott« haben manche Menschen ein Problem, weil sie diese Anrede in leidvollen Lebenssituationen nur schwer über die Lippen bringen. Sobald die ersten Jesus-Geschichten auf Interesse stoßen, kann zur Abwechslung oder ganz gezielt auch die Anrede »Jesus« mit ins Spiel gebracht werden. Manchmal habe ich bewusst die Anrede »Herr« zurückgenommen; denn nach neueren entwicklungspsychologischen Erkenntnissen wächst in etwa 20 Prozent der Kinder ein »weibliches Gottesbild« heran. Dem wollte ich Rechnung tragen.

Beispiel für ein Abendgebet

Der Vater oder die Mutter eröffnen das Gebet mit folgendem Impuls: »Großer Gott, wir danken Dir für diesen Tag!« Dann erzählen Eltern und Kinder einander, was für sie an diesem

Tag schön war: »Für mich war heute schön ...«. So entstehen Reihungen oder kurze freie Erzählungen.

Natürlich soll auch das weniger Schöne nicht unter den Teppich gekehrt werden: »Weniger schön war für mich heute...«. Dann folgt eine Schlussformel wie z. B. »Guter Gott, behüte uns in dieser Nacht und alle Tiere und alle Menschen auf der ganzen Welt. Amen.«

Was Sie vermeiden sollten

Früher war es gang und gäbe, Kindern ein Gottesbild zu vermitteln, in dem Gott als strenger Aufpasser dargestellt wurde. Wie aber soll ein Kind ein Vertrauensverhältnis zu einem bedingungslos liebenden Gott aufbauen, wenn er als negativ empfunden wird? Noch immer machen viele Erwachsene den Fehler, Gebete als Ermahnungs- und Erziehungsmittel zu missbrauchen – wie den heiligen Nikolaus, der für alle möglichen Zurechtweisungen herhalten muss. Solche Pädagogik sollte passé sein. Wenn Sie mit Kindern beten, beachten Sie bitte Folgendes:

- Missbrauchen Sie Gebete nie als Instrumente zur Zurechtweisung oder Strafe!
- Vermeiden Sie komplizierte Schachtelsätze, unverständliche Wörter und Formeln !
- Vermeiden Sie abstrakte Wendungen und Sätze (also auf keinen Fall: »Nimm an mein Tun und Lassen, Freude und Leid, alles zu Deiner Ehre ...« oder »Meiner Seele bester Freund, wann werde ich mit Dir vereint?«)!
- Verwenden Sie möglichst wenig verniedlichende Verkleinerungen (z.B. »Engelein, Tierlein ...«)!

Wichtig!

Oft hilft es, sich als Erwachsener an seine eigene Kindheit zurückzuerinnern und sich zu fragen: Was hat mir damals missfallen? Absichtlicher Druck oder Zwang tun in der (religiösen) Erziehung nicht gut, Freiwilligkeit ist alles. Selbstverständlich ist gewinnendes Zureden damit noch nicht verboten.

Als Religionspädagoge werde ich oft gefragt: Tue ich meinem Kind wirklich etwas Gutes, wenn ich mit ihm bete? Für mich ist die Antwort ganz klar: Je kleiner ein Kind ist, desto mehr tut es ihm in erster Linie gut, beim gemeinsamen Beten die körperliche Nähe, Wärme, den Geruch seiner Eltern wahrzunehmen, die vertraute Stimme zu hören, den Sprachrhythmus in sich aufzunehmen – auch beim Beten z. B. vor dem Essen oder beim Zubettgehen. Es erspürt atmosphärisch etwas von dieser neuen, anderen Lebensdimension und -qualität. Es nimmt zugleich wahr: »Meine Eltern beschäftigen sich mit mir, ich bin ihnen wichtig.« Aber auch dieses: »Sie vertrauen mich jemand noch Größerem an.« So kann das Grundvertrauen in der ersten Lebenskrise der Loslösung über das bedrohliche Grund-Misstrauen (Erik Erikson) siegen. Sie geben Ihrem Kind damit die wichtigste Grundausstattung für sein Leben mit, damit es ein offener, aufgeschlossener Mensch werden kann.

Diese Gebetsammlung möchte Sie als Eltern ermutigen, sich zusammen mit ihren Kindern der Wirklichkeit zu stellen, die uns umgibt – der ganzen Wirklichkeit, auch in ihrer Hintergründigkeit und in ihrer religiösen Dimension.

Und wenn Sie selbst Zweifel haben? Dann hilft nur eines: Ehrlichkeit. Keine Schauspielerei! Diese Ehrlichkeit verlangt aber auch, Kindern nicht von vornherein Gott vorzuenthalten.

Beten ist mehr als »Sprechen mit Gott«

Vielleicht erinnern Sie sich an den Satz aus Ihrer Schulzeit: „Beten heißt Sprechen mit Gott." Das ist natürlich richtig. Aber Beten ist noch weit mehr. Es ist auch eine »psychohygienische Maßnahme«, ein Zu-sich-selbst-kommen, ein Sich-sammeln und darüber hinaus ein In-Kontakt-kommen mit der Mitte unseres Seins. Beten in all seinen vielfältigen Facetten des Staunens, Fragens, Klagens, Jubelns, Dankens, Bittens – das ist seit Jahrhunderten für Menschen verschiedenster Kulturen und Religionen eine Möglichkeit, sich mit den Fragen und Geheimnissen des Lebens in Ehrlichkeit und Ehrerbietung auseinanderzusetzen. Vor allem hilft es, den

Kontakt zur eigenen Lebensgeschichte, die auch einmal mit ungeduldigen Warum-Fragen begann, nicht zu verlieren. Beten ist eine bestimmte Art des Philosophierens, wobei es nicht auf die schnellen Antworten ankommt, sondern darauf, eine konstruktive Fragehaltung zu entwickeln. Im Unterschied zum »reinen« Philosophieren geschieht beim Beten dieses Fragen im Horizont des Glaubens an Gott, der die Fragen nicht ungehört verhallen lässt.

Beten ist »Kontaktpflege«

Beten vollzieht sich nicht nur im Sprechen, nicht nur in Worten. Es ist deshalb auch nicht nur ein Sprechen mit Gott, sondern vielmehr eine ganzheitliche »Kontaktpflege« zu Gott mit allen menschlichen Sinnen und Ausdrucksmöglichkeiten – »mit Herzen, Mund und Händen« wie es in einem alten Lied heißt. Es reicht vom staunenden Schweigen und Still-da-sitzen (auch Anregungen zu Stille-Übungen finden sich in unserer Sammlung) bis zum verzweifelten Klageschrei und wütenden Protest, vom ruhigen Verharren bis zum schwungvollen Lied oder begeisterten Tanz.

Beten und Handeln

Schon Augustinus sagte: »Wer singt, betet doppelt!« Beten kennt viele Formen und tausende Inhalte – auch das Beten mit unseren Kindern. Beten ersetzt keineswegs das Handeln. Vielmehr beginne ich sehr oft deshalb zu handeln, *weil* ich bete. Das Gebet gibt mir die Kraft dazu, mich zu engagieren und einzusetzen. Beten verwandelt oft nicht die Welt, aber auf jeden Fall mich selbst. Es verändert meine Sicht der Dinge, lichtet den Nebel um mich herum, schenkt mir eine neue Ein-Sicht, hilft mir »Ja« zu sagen oder zumindest »Dein Wille geschehe«. Ich taste im Gebet nach dem Beispiel Jesu den Horizont letzter Wirklichkeit und Wahrheit ab und versuche wachsam zu sein für die »Zeichen der Zeit«, um nicht irgendwelchen Illusionen aufzusitzen. Wenn ich bete – allein oder in der Gemeinschaft von Gleichgesinnten –, lerne ich trotz aller Unsicherheiten, auftauchender Zweifel und Zukunftsängste, »dem Leben zu trauen, weil Gott es mit uns lebt« (Alfred Delp).

In dieses Gefühl der Geborgenheit sollten Kinder möglichst früh mit hineingenommen werden.

Was geschieht beim Beten?

Durch das kontinuierliche gemeinsame Beten werden bei Ihrem Kind mit der Zeit die folgenden wichtigen sozialen Fähigkeiten grundgelegt:

- Die Fähigkeit, sich einem personalen Du zuzuwenden
- Die Fähigkeit, aufmerksam mit seinen Sinnen wahrzunehmen, was sich ringsum ereignet, und nachzufragen, d. h. sich philosophisch und theologisch zu betätigen, »Philosoph zu werden« (H. J. Freese)
- Die Fähigkeit, zu staunen und sich Gedanken zu machen, d. h. aus »erster Hand« zu leben und nicht nur aus »zweiter Hand« (Neil Postman), in Medien, »Konserven« und »virtuellen« Fantasiewelten
- Die Fähigkeit zum Meditieren, also das Interesse, den Dingen, dem Leben auf den Grund zu gehen
- Die Fähigkeit, ureigenste Gefühle und Gedanken allmählich selbst auszudrücken bzw. in Worte zu fassen (erst durch vorgefertigte Sprachmuster und durch Nachsprechen, dann eigenständig und »wortschöpferisch« mit ganz neuen Worten oder Wortprägungen)
- Die Fähigkeit, Sorgen, Ängste und Freuden anderer Menschen mitzufühlen
- Die Fähigkeit, die Bedeutung von alltäglichen und nicht alltäglichen Dingen herauszufinden, die Deutungsbedürftigkeit allen Lebens zu erkennen und darauf zu reagieren
- Die Fähigkeit, das Leben auf seinen Ursprung hin zu deuten, ein »Fenster zur Transzendenz« zu öffnen und die Schöpfung mit ihrem Schöpfer in Zusammenhang zu bringen
- Die Fähigkeit, allen Dingen und Erlebnissen im Erzählen, Singen, Tanzen, Loben, Danken, (Für-)Bitten Ausdruck und Tiefe zu geben

Wichtig: Stören Sie sich als Eltern nicht daran, wenn das Gottesbild des Kleinkindes sehr menschliche oder womöglich sogar magische Züge trägt. Beides ist völlig normal und entspricht entwicklungspsychologisch gesehen seinem Alter. Jedes kindliche Gottesbild bedarf der elterlichen Hochschätzung und behutsamer Förderung, um sich weiter entwickeln zu können – vergleichbar seinen ersten Zeichnungen und Gemälden! Hierfür wünsche ich Ihnen viel Geduld und Einfühlungsvermögen.

Hallo, liebe(r)

______________________,

ich heiße Norbert. Dieses Buch habe ich für dich geschrieben. Ich kenne dich zwar leider nicht persönlich. Aber ich möchte dich kennen: Ich wüsste gerne, wie du aussiehst, welche Farbe deine Augen und Haare haben, wie groß du bist, wo du wohnst, was du schon alles (ganz alleine) kannst, was du am liebsten spielst oder isst und was du so denkst.

Neulich habe ich ein Buch über Philosophen gelesen. Philosophen – das sind ganz schlaue Menschen. Das Erstaunliche an diesem Buch war der Titel. Da stand: »Kinder sind Philosophen!«

Ja, Kinder! Denn sie wollen immer alles ganz genau wissen. Zum Beispiel: Wo komme ich heraus, wenn ich im Garten ein Loch tiefer und tiefer grabe? Finde ich den lieben Gott, wenn ich mit einer Rakete immer weiter in den Himmel fliege bis hinter die letzten Sterne? Kommen Katzen und Hunde auch in den Himmel, wenn sie einmal sterben? Kriegen sie dann Flügel wie ein Engel?

Stellst du auch solche oder so ähnliche Fragen? Dann bist du nicht nur ein Kind, sondern auch ein(e) kleine(r) Philosoph(in)!

Fragen, nichts als Fragen ...

Ich selber bin natürlich kein Kind mehr, denn ich bin schon fast 50 Jahre alt. Aber trotzdem interessieren mich solche Fragen immer noch brennend, und sie haben mich schon beschäftigt, als ich so alt war wie du. Auch meine eigenen Kinder, Andi und David, haben mir diese Fragen gestellt, als sie noch kleiner waren. Sie konnten es nie erwarten, groß zu werden und alle Antworten zu wissen. Von ihnen habe ich viel gelernt: zum Beispiel einen kleinen Marienkäfer oder einen Schmetterling genau anzuschauen, ohne sie zu verletzen. Bis dahin dachte ich immer, ich wüsste schon, wie ein Marienkäfer aussieht und wie viele Beine eine Spinne hat. Aber das stimmte gar nicht. Jedes Tier und jede Blume ist für sich ein kleines Wunder. Und es ist wirklich in sehr schönes und ganz neues Gefühl, einem kleinen Hasen über sein samtweiches Fell zu streicheln. Immer wieder haben mich Andi und David mit tausenden Fragen bestürmt. Da habe ich

gemerkt: Nichts, aber auch gar nichts ist selbstverständlich! Und ich habe mir gedacht: Ich muss noch ganz schön viel lernen und noch mehr nachdenken! Vieles auf dieser Welt ist so wunderbar und groß und nicht zu fassen – nicht mit den Augen, nicht mit den Ohren, nicht mit den Händen.

Ich frage mich manchmal: Wie hat das wohl alles angefangen mit dieser Welt, auf der wir leben? Wer hat sie gemacht, und wer passt darauf auf? Vielleicht hast du dir das auch schon mal überlegt! Manchmal glaube ich, dass ein Mensch ein ganzes Leben lang braucht, um diese Fragen zu beantworten. Aber wenn du nicht so lange auf eine Antwort warten willst, dann kannst du ja heute schon einmal anfangen, dir Gedanken zu machen.

Gott ist immer da

Lass dir die Gedichte und Gebete dieses Buches von deinen Eltern oder Großeltern vorlesen und sprich mit ihnen darüber. Natürlich kannst du auch mit Gott darüber sprechen oder dir selber ganz neue Gebete ausdenken. Das geht ganz einfach. Mit Gott kannst du über alles sprechen, was dich bewegt. Vielleicht

erzählst du ihm
mal, was du so
alles machst und
erlebst, worüber du
dich freust, wofür du ihm ganz besonders danken willst, welche neuen Entdeckungen du in der letzten Woche gemacht hast. Und natürlich auch, was dir gerade Angst macht, worüber du im Augenblick traurig bist und was dich ärgert. Gott wird dir gerne zuhören. Eltern haben ja nicht immer Zeit. Aber Gott schon. Er ist immer für uns Menschen mit unseren Sorgen und Problemen da. Und er freut sich auch mit uns. Ist das nicht wunderbar? Ich wünsche dir von ganzem Herzen, dass du nie allein bist, weil Gott immer für dich da ist.

Dein Norbert

Im Laufe eines Tages

Ein neuer Tag bricht an. Was wird er bringen? Die ersten Gedanken überfallen uns – ob Groß oder Klein – und wecken Gefühle von Furcht oder Freude, Mut oder Unmut: »Werde ich das alles schaffen?« Gebete sind wie Haltegriffe, schenken Gelassenheit, ermutigen, froh den Tag zu beginnen, seine Gaben und Aufgaben dankbar anzunehmen und am Abend ruhig einzuschlafen. Gottes Segen begleitet uns.

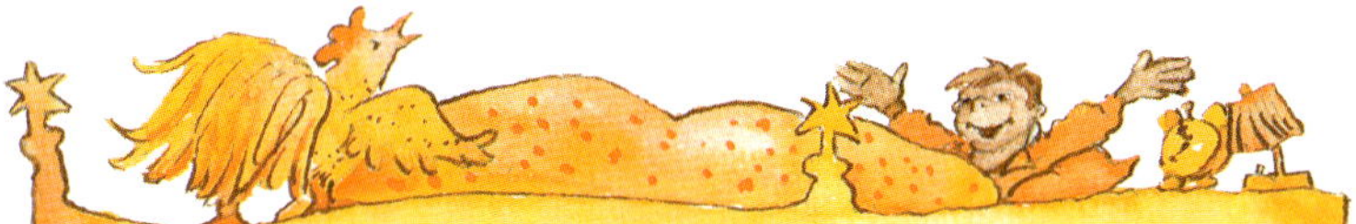

Guten Morgen, lieber Gott!

1

Guten Morgen, lieber Gott!
Ich freue mich auf diesen neuen Tag.
Amen.

2

Gesund bin ich vom Schlaf erwacht,
Dir, guter Gott, sei Dank gebracht.
Nimm mich auch heut in deine Hut
und leite mich und mach mir Mut!

3

Wir danken dir, Du großer Gott,
für diesen neuen Morgen.
Du liebst die ganze, weite Welt,
Du willst für alle sorgen. Amen.

4

Von Gott behütet steh ich auf,
er leitet mich in meinem Lauf,
er bleibt bei mir auf allen Wegen
mit seiner Kraft und seinem Segen.

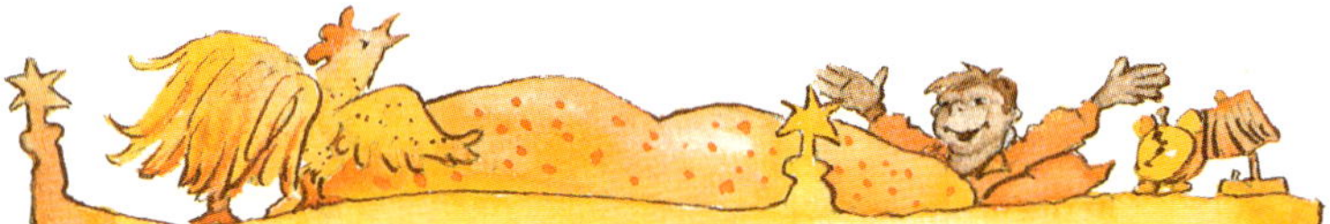

5

Ein neuer Tag hat angefangen.
Wir sind gesund vom Schlaf erwacht!
Wir danken Gott für diesen Morgen und
danken für die gute Nacht.

6

Gott, Du bist gut!
Heute Nacht habe
ich gut geschlafen.
Ich hatte keine Angst.
Du hast mich behütet.
Ich bin heute gut gelaunt.
Segne diesen Tag
und beschütze mich.

7

Guter Vater im Himmel:
ein neuer Tag hat angefangen.
Ich danke Dir, dass ich da bin.
Ich will mir Mühe geben,
dass dieser Tag gut wird.
Ich weiß, dass Du immer bei mir bist.
Das macht mich froh.

IM LAUFE EINES TAGES: MORGENGEBETE

8

Die letzten Tage hat es fast nur geregnet.
Der Himmel war voll dunkler Wolken.
Wir mussten in unserem Zimmer bleiben.
Es war eintönig, grau und langweilig.

Aber heute lacht die Sonne.
Wir können viel unternehmen und im Freien spielen.
Das macht Spaß. Wir freuen uns.
Vielen Dank, lieber Gott, dass es wieder schön ist.

9

Guten Morgen, guter Gott!
Ich bin gerade aufgewacht.
Ich bin noch schrecklich müde.
Die Sonne scheint auf meine Nase
und kitzelt mich.
Heute Nacht habe ich
von Gespenstern geträumt.
Mami hat gesagt,
ich hätte geschrien.
Mein Gott, es war ganz schlimm
in meinem Traum.
Ich bin froh,
dass die Nacht vorbei ist.

10

Vater im Himmel,
wir danken Dir für die Ruhe der Nacht
und das Licht eines neuen Tages.
Wecke unser Herz,
mach unsere Sinne klar.

Gib uns Liebe für alle,
die uns heute begegnen.
Für die Menschen in unserem Haus
und für die Menschen draußen,
für alle, die Deine Kinder sind.

Wir leben von Deiner Liebe.
Hilf uns, Deine Liebe weiterzugeben,
und gib uns einen guten Tag,
Vater im Himmel. Amen.

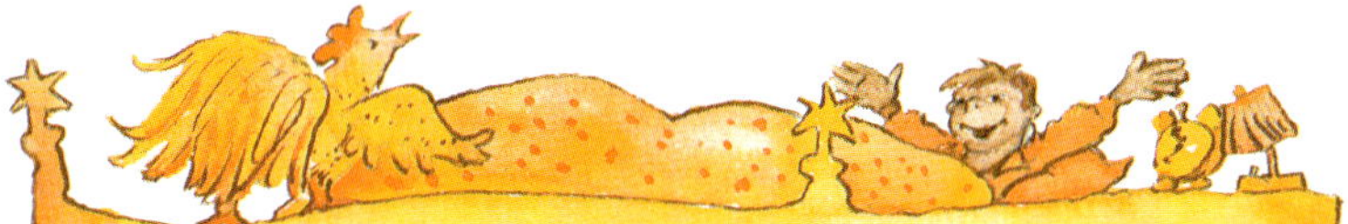

IM LAUFE EINES TAGES: MORGENGEBETE

11

Vater im Himmel,
am Morgen dieses Tages
sprechen wir zu Dir.
Du bist so anders als wir,
dass wir Dich nicht sehen,
und so nah, dass wir ohne Dich
keinen Tag leben können.

Wir möchten Dir begegnen.
Wir möchten Dich finden
im Licht dieses Tages,
in der Luft, die wir atmen,
in allem, was Du uns
zum Leben gibst.

Wir leben davon, dass Du da bist.
Wir danken Dir,
dass Du uns nahe bist,
wohin immer wir gehen,
Vater im Himmel. Amen

12

Dass mir heute niemand
über den Weg läuft, Gott, und sagt:
»Dafür bist du noch zu klein!
Das verstehst du noch nicht!« –
wenn ich gerade eine ganz tolle Idee habe.

Dass mir heute niemand
über den Weg läuft und sagt:
»Mit dir ist nichts anzufangen!
Du bist die/der allerletzte!« –
wenn ich erst noch einmal alles
überdenken muss und mich nicht
gleich entscheiden kann.

Dass mir heute niemand
über den Weg läuft und sagt:
»Das habe ich dir schon immer gesagt!
Da kommt sowieso nichts dabei heraus!« –
wenn mir etwas total daneben ging.

Und: dass mir selbst alle diese Worte
im Hals stecken bleiben
– bei den anderen!

13 Halte zu mir, guter Gott!

Du bist jederzeit bei mir. Wo ich geh und steh
spür ich, wenn ich leise bin, Dich in meiner Nähe.
Halte zu mir, guter Gott, heute den ganzen Tag.

Halte die Hände über mich, was auch kommen mag.
Gibt es Ärger oder Streit und noch mehr Verdruss,
weiß ich doch, Du bist nicht weit, wenn ich weinen muss.
Halte ...

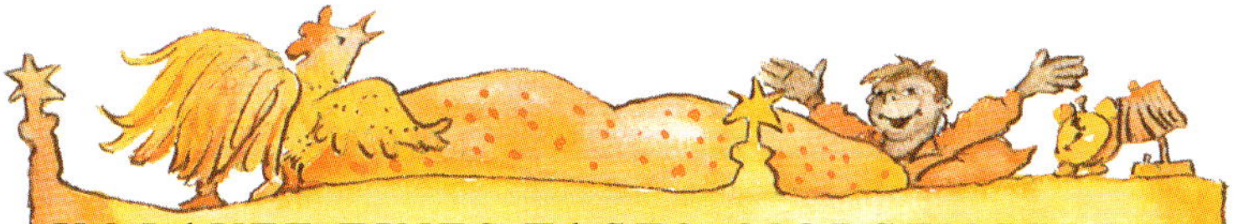

Meine Freude, meinen Dank, alles sag ich Dir.
Du hältst zu mir, guter Gott, spür ich tief in mir.
Halte ...

Worte: Rolf Krenzer – Musik: Ludger Edelkötter
Impulse-Musikverlag, Drensteinfurt

... als Spiellied gestaltet

Dieses Lied macht noch mehr Freude, wenn du beim Kehrvers

- *erst die Hände über der Brust kreuzt (bis »... ganzen Tag«)*
- *dann mit Händen und Armen ein Dach über deinem Kopf bildest (bis »... kommen mag«)*

14

Herr, mein Gott:
ein neuer Tag hat angefangen.
Ich danke Dir dafür.
Ich weiß nicht,
was dieser Tag bringen wird.
Ich weiß nur das eine:
Du bist mir nahe.
Du gehst mit mir durch diesen Tag.
So nehme ich diesen Tag
aus Deiner Hand.
Es soll ein guter Tag werden
in Deinem Geist. Amen.

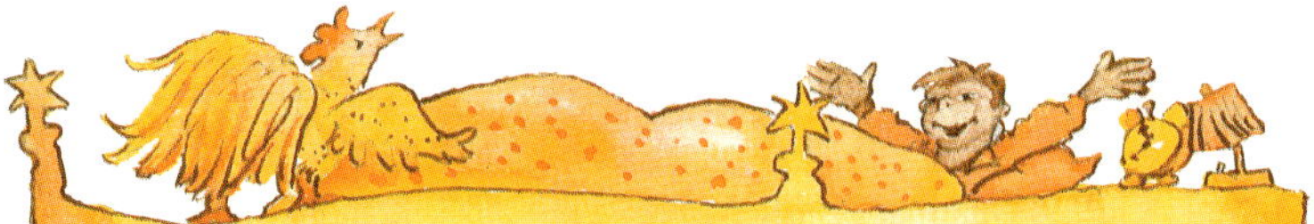

Ich mag gerne essen und trinken

1

Ich habe Hunger,
ich habe Durst.
Jetzt gibt es Essen.
Gott sei Dank!

2

Komm, Herr Jesus, sei unser Gast
und segne, was Du uns bescheret hast.

3

Jedes Tierlein hat sein Essen.
Jedes Blümlein trinkt von Dir.
Hast auch unser nicht vergessen.
Lieber Gott, wir danken Dir.
Amen.

IM LAUFE EINES TAGES: TISCHGEBETE

4

Für Speis und Trank

Worte und Musik: Volksgut (Holland)

5

Dir sei, o Gott, für Speis und Trank,
für alles Gute Lob und Dank.
Du gabst, Du willst auch ferner geben.
Dich preise unser ganzes Leben. Amen

6

O Gott, von dem wir alles haben,
wir danken Dir für Deine Gaben.
Du speisest uns, weil Du uns liebst,
so segne auch, was Du uns gibst. Amen.

7

Alle guten Gaben,
alles, was wir haben,
kommt, o Gott, von Dir.
Dank sei Dir dafür. Amen.

8

Guter Gott,
das beste Stück in unserem Haus
ist unser großer Tisch.
Wir sitzen alle drum herum
und essen Brot und Fleisch und Fisch.
Danke.

9

Alle Augen warten auf Dich, o Gott,
und Du gibst ihnen Speise zur rechten Zeit.
Du tust Deine milde Hand auf
und erfüllst alles, was da lebt, mit Segen
und Wohlgefallen.

10

Wir wollen danken für unser Brot.
Wir wollen teilen in der Not.
Wir wollen schaffen, die Kraft gibst Du.
Wir wollen lieben, Herr, hilf dazu. Amen.

11

Guter Gott, durch Deine Güte leben wir,
und was wir haben, kommt von Dir.
Drum lass uns auch an andre denken,
von Deinen Gaben weiterschenken. Amen.

12

Wir haben genug zu essen,
wir werden täglich satt.
Gib, dass wir den nicht vergessen,
der nichts zu essen hat.

13

Gott, wir freuen uns auf das Essen.
Die Mutti hat meine Lieblingsspeise gekocht.
Der Tisch ist gedeckt.
Wir danken Dir. Amen.

14

Gott, Du hast vieles wachsen lassen,
alles kommt von Dir!
Voll sind die Schüsseln, Teller und Tassen.
Wir danken Dir dafür!

15

Gott, von Dir kommen alle Gaben.
Ich habe Hunger und Durst,
Mama und Papa haben Hunger und Durst,
und viele andere Menschen auf der Welt
haben Hunger und Durst.
Gib allen Menschen zu essen und zu trinken.
Lass uns die anderen nicht vergessen.

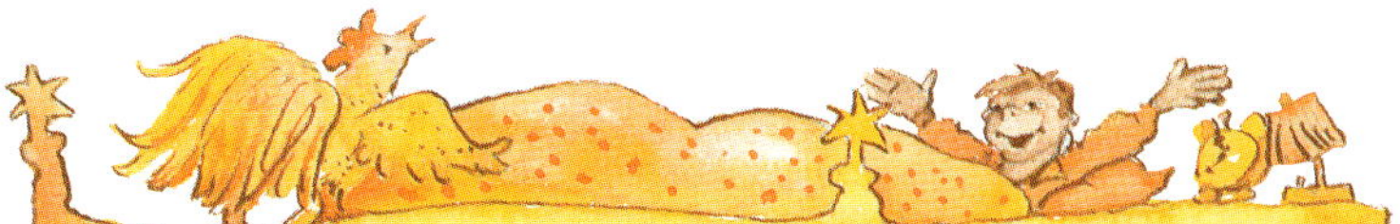

16 *Alle können sich an den Händen halten*

Guter Gott, wir sitzen alle um den gedeckten Tisch.
Wir gehören zusammen.
Wir sind miteinander und mit Dir verbunden.
Du lässt alles wachsen.
Wir danken Dir.

17

Butter, Brot und Dauerwurst,
Ketchup, Limo für den Durst.

Käse, Schinken, Sahnequark,
Äpfel, Birnen – machen stark.

Milch und Kiwi, Puddingreis,
Kartoffeln, Brötchen – ich mag Eis!

Würstchen, Honig, Kräutertee,
samstags gibt es Milchkaffee.

Eier, Salz und Weizenmehl –
Pommes backen wir mit Öl.

Alles, Gott, kommt erst von Dir.
Dafür danken wir.

18

Segne, Vater, diese Gaben!

Worte und Musik: Volksgut

19

Guter Gott,
heute hat es mir gar nicht geschmeckt.
Ich bin nämlich ziemlich schlecht gelaunt.
Und wenn ich schlechte Laune habe,
meckere ich an allem herum.
Bestimmt geht es mir bald besser.

20

Vater unser im Himmel:
Du gibst uns nicht nur Brot.
Du gibst uns alles,
was wir zum Leben brauchen:
Nahrung und Kleidung,
eine Wohnung und ein warmes Bett
und vor allem liebe Menschen.
Dafür loben wir Dich.
Dafür danken wir Dir.
Darum bitten wir Dich
für alle Menschen. Amen.

Ich bin immer unterwegs ...

1

Mein Kind,
du gehst nun ohne mich.
Gottes Engel schütze dich.
Amen.

2

Wo ich gehe, wo ich stehe,
bist Du, lieber Gott, bei mir;
Wenn ich Dich auch niemals sehe,
weiß ich sicher: Du bist hier.

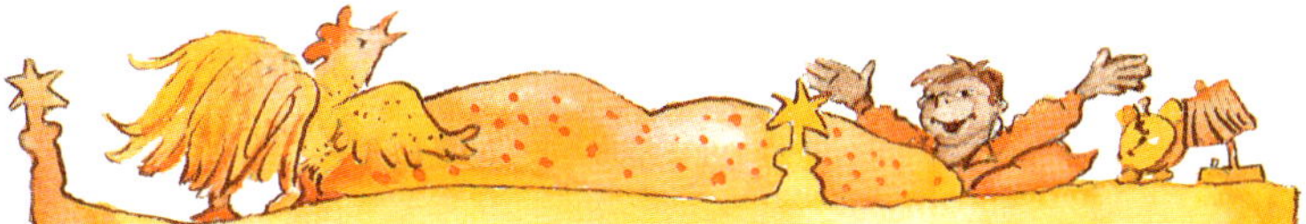

3

Lieber Gott, ich bitte Dich:
Bleib bei mir und schütze mich.
Amen.

4

Aus dem Himmel ferne,
wo die Engel sind,
schaut doch Gott so gerne
her auf jedes Kind.

Hört auf seine Bitte
treu bei Tag und Nacht,
nimmt's bei jedem Schritte
väterlich (mütterlich) in Acht.

Sagt's den Kindern allen,
dass ein Vater ist,
dem sie wohlgefallen,
der sie nie vergisst.

5

Ich schaue nach oben und nach unten,
nach links und nach rechts.
Wer wird mich tragen wie
Christophorus,
wenn ich unterwegs bin,
nicht weiterkomme und
und Gefahr droht?

Sei unbesorgt.
Gott beschützt dich.
Er steht an deiner Seite
und behütet dein Leben,
wenn du fortgehst
und wieder
nach Hause kommst –
alle Tage,
bis die Zeit zerbricht.

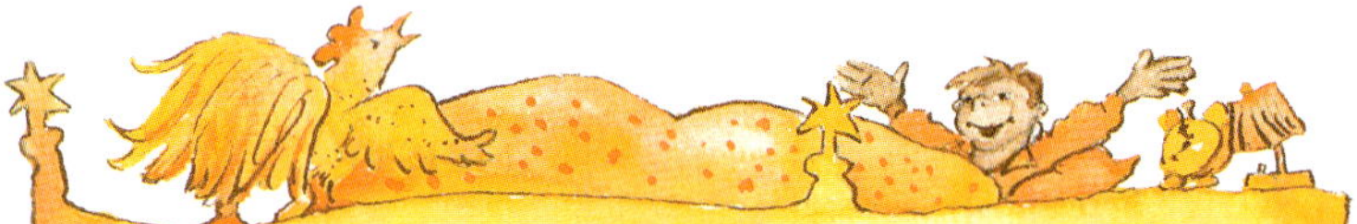

6

Gott sei vor dir,
um dir den Weg zu zeigen.
Gott sei neben dir,
um dich zu begleiten.
Gott sei hinter dir,
um dich zu beschützen.
Gott sei unter dir,
um dich aufzufangen.
Gott sei in dir,
um dich wachsen zu lassen.
Gott sei über dir,
um dich zu segnen. Amen.

7

Wenn mein Vater mit mir geht,
dann hat alles einen Namen,
Vogel, Falter, Blumenbeet,
wenn mein Vater mit mir geht,
brauch' ich keine Angst zu haben.

Wird das Licht dann ausgemacht,
kann ich meinen Vater fragen,
wer sich all das ausgedacht.
Wird das Licht dann ausgemacht,
traut mein Vater sich zu sagen:
Weil ein Vater mit uns geht,
drum hat alles seinen Namen,
Vogel, Falter, Blumenbeet,
weil ein Vater mit uns geht,
brauchst du keine Angst zu haben.

Kommt der Abend und die Nacht,
zeigt mein Vater mir die Sterne,
tausend Lichter halten Wacht,
kommt der Abend und die Nacht,
träum' ich von des Himmels Ferne.

Kommt der Abend und die Nacht,
zeigt der Vater uns die Sterne,
tausend Lichter halten Wacht,
kommt der Abend und die Nacht,
ist der Vater uns nicht ferne.

8

Bewahre uns, Gott

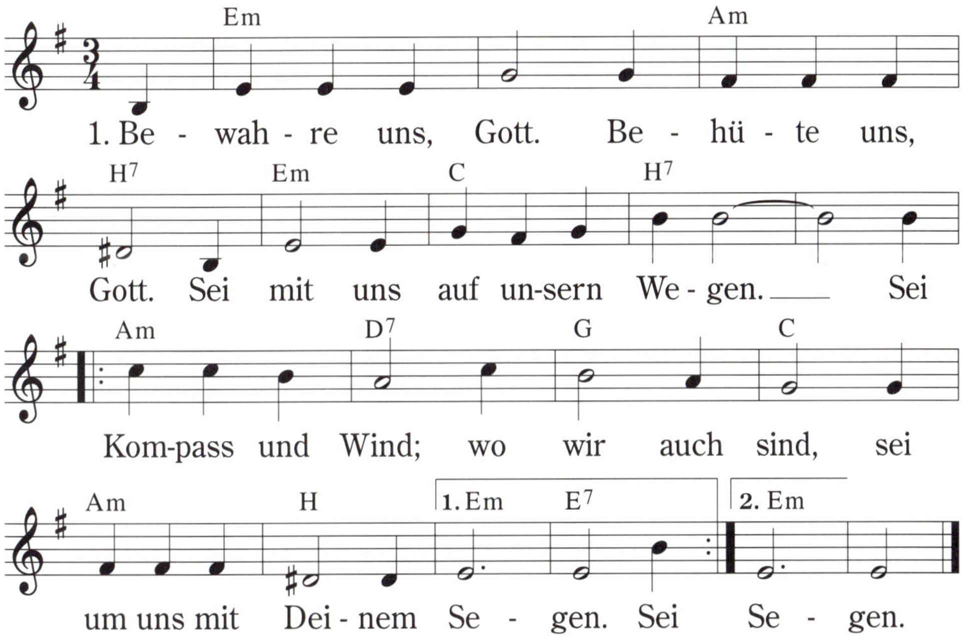

Bewahre uns, Gott, behüte uns, Gott.
Sei mit uns in schweren Tagen
voll Wärme und Licht im Angesicht.
Sei um uns, dass wir nicht verzagen.

Bewahre uns, Gott, behüte uns,
Gott, sei mit uns, wie wir auch heißen.
Lass wachsen die Saat und blühen die
Tat, dass alle Menschen Dich preisen.

Bewahre uns, Gott, behüte uns,
Gott, sei mit uns mit Deinem Segen.
Dein heiliger Geist, der Leben verheißt,
sei um uns auf unseren Wegen.

Worte: Eugen Eckert – Musik: Anders Ruuth
Kamensky-Verlag, Hamburg

Müde bin ich,
geh zur Ruh ...

1

Nun schlaf, mein liebes Kindelein,
und tu die Augen zu;
denn Gott, der will Dein Vater sein,
drum schlaf in guter Ruh.

2

Gott, der heute mich bewacht,
beschütze mich auch diese Nacht;
Du sorgst für alle, Groß und Klein,
drum schlaf' ich ohne Sorge ein.

3

Die Nacht bricht an
über Stadt und Feld.
Gott, segne die Erde,
behüte die Welt.

4

Ich bitt dich, Herr, durch Deine Macht,
behüt mich auch in dieser Nacht,
dass ich im Frieden schlafen mag,
stärk mich zu einem neuen Tag.

5

Du hast den Tag gegeben
und nimmst ihn wieder hin.
Du, Gott, umfängst mein Leben
und liebst mich, seit ich bin.

6

Guter Gott, danke für diesen Tag!
(Nun erzählen die Kinder ihren Eltern und umgekehrt, was heute schön oder weniger schön für sie war…)
Für mich war heute schön …
und weniger schön …

Guter Gott, behüte uns in dieser Nacht
und alle Tiere und Menschen auf der ganzen Welt.
Amen.

7

Gott, schütze uns und unser Haus
mit Deiner Macht und Güte.
Und sende Deinen Engel aus,
damit er uns behüte.

8

Müd ist mein Bein. Müd ist mein Arm.
Ich lieg im Bett, da ist es warm.
Wie schön zu schlafen und aufzuwachen!
Ich habe viele schöne Sachen.
Du großer Gott, schau doch auf mich.
Du großer Gott, ich denk an Dich.

9

Leise, leise, fromme Weise
schwing dich auf zum Sternenkreise!
Lied erschalle,
feiernd walle
mein Gebet zur Himmelshalle.

Zu Dir wende ich die Hände,
Herr, ohn' Anfang und ohn' Ende!
Vor Gefahren
uns zu wahren,
sende Deiner Engel Scharen.

10

Müde bin ich, geh zur Ruh,
schließe beide Augen zu.
Vater, lass die Augen Dein
über meinem Bette sein!

Alle, die mir sind verwandt,
Gott, lass ruhn in Deiner Hand.
Alle Menschen, Groß und Klein,
sollen Dir empfohlen sein.

Kranken Herzen sende Ruh,
nasse Augen schließe zu.
Lass den Mond am Himmel stehn
und die stille Welt besehn.

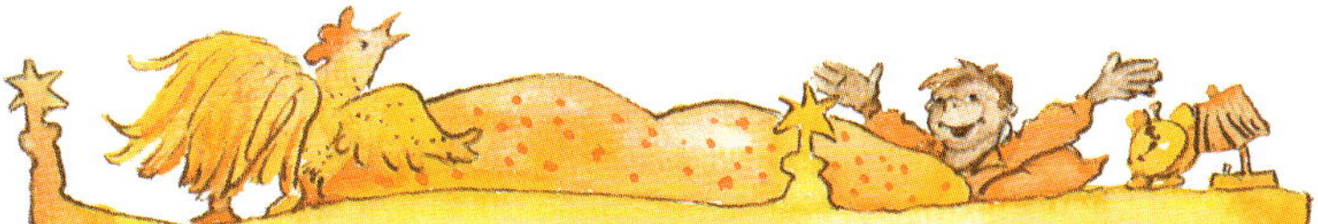

11 Bleib bei uns

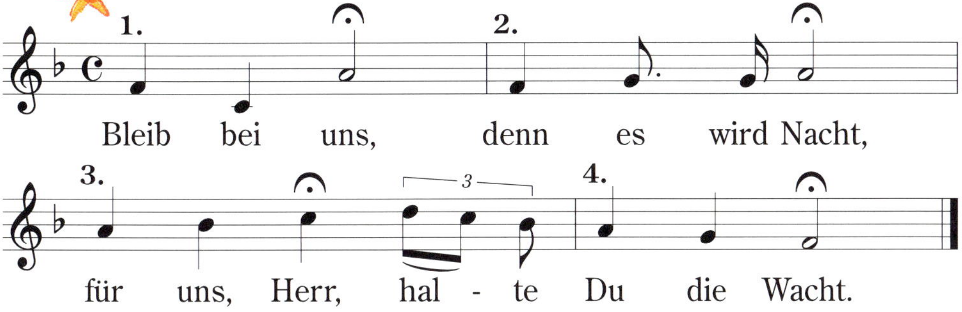

Übersetzung: Bernward Hoffmann –
Musik: Volksgut (England)

12 Weißt du, wie viel Sternlein stehen

Weißt du, wie viel Mücklein spielen in der heißen Sonnenglut?
Wie viel Fischlein auch sich kühlen in der hellen Wasserflut?
Gott, der Herr, rief sie mit Namen, dass sie all ins Leben kamen,
dass sie nun so fröhlich sind, dass sie nun so fröhlich sind.

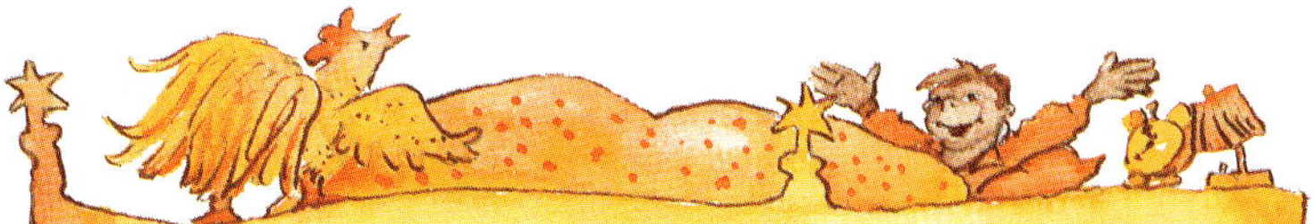

IM LAUFE EINES TAGES: ABENDGEBETE

Weißt du, wie viel Mücklein spielen in der heißen Sonnenglut?
Wie viel Fischlein auch sich kühlen in der hellen Wasserflut?
Gott, der Herr, rief sie mit Namen, dass sie all ins Leben kamen,
dass sie nun so fröhlich sind, dass sie nun so fröhlich sind.

Weißt du, wie viel Kinder frühe stehn aus ihren Bettlein auf,
dass sie ohne Sorg und Mühe fröhlich sind im Tageslauf?
Gott im Himmel hat an allen seine Lust, sein Wohlgefallen,
kennt auch dich und hat dich lieb, kennt auch dich und hat dich lieb.

Worte und Musik: Volksgut

13

Zur Ruh will ich mich legen.
Gib, Jesus, mir den Segen
und wieg mich in den Schlaf hinein.
Dann ruh ich ohne Sorgen
vom Abend bis zum Morgen
so wie im Nest ein Vogel klein.

Schon glänzt der goldne Abendstern.
Gut’ Nacht, ihr Lieben nah und fern,
schlaft ein in Gottes Frieden!
Die Blume schließt die Augen zu,
der kleine Vogel geht zur Ruh,
bald schlummern alle Müden.

Du aber schläfst und schlummerst nicht,
Du, treuer Gott, im Sternenlicht,
Dir will ich mich vertrauen.
O hab auf mich, Dein Kind, doch Acht!
Lass mich nach einer guten Nacht
die Sonne fröhlich schauen.

14

Wie schade, Gott,
dass es Abend ist,
und ich schon zu Bett gehen soll!
Der Tag war so schön:
Ich habe mit Mama ...
(erzähle, was dir einfällt!)
und mit Papa ...
(auch dazu fällt dir einiges ein!)
und meinen Freunden und Freundinnen ...
(erzähle!)
Ganz zum Schluss habe ich ...
(Ist schon alles gesagt?)
Danke, guter Gott, für diesen tollen Tag!

15

Im Fernsehen habe ich gesehen,
dass viele Kinder kein Bett haben.
Ich habe ein gutes Bett, eine warme Decke,
ein weiches Kopfkissen.
Mein Stoffbär ist auch da.
Lieber Gott, ich danke Dir dafür.

16

Der Tag ist zu Ende.
Ich liege im Bett und bin müde.

Danke, dass ich ein Bett habe
und ein gemütliches Zuhause.

Bitte, tröste alle,
die jetzt einsam oder traurig sind.
Gib uns eine gute Nacht.

17

Danke für das Licht in der Nacht, guter Gott,
und die Menschen im Elektrizitätswerk.
Sie dürfen nicht schlafen.

Wenn ich schlafe,
müssen andere für uns arbeiten:
Die Leute von Bahn und Post,
von Rundfunk und Fernsehen,
die Ärzte und Schwestern,
die Arbeiter in den Fabriken.
Sie alle sorgen für uns,
dass wir ruhig schlafen können.
Ich will an sie alle denken,
bevor ich einschlafe.

18

Wenn es dunkel wird und kalt,
dann suche ich ein Zuhause.
Dann möchte ich nicht allein sein,
sondern im warmen, hellen Wohnzimmer
bei meinen Freundinnen und Freunden,
bei meinen Eltern und Geschwistern.
Aber ich weiß,
es gibt viele Menschen,
die kein Zuhause finden,
wenn es dunkel wird.

Wenn es dunkel wird,
dann beschleicht mich manchmal leise Angst.
Dann schalte ich schnell das Licht an
oder zünde eine Kerze an.
Ein kleines Licht hilft mir schon,
die dunklen Gedanken
und Gefühle zu vertreiben,
wenn es dunkel wird.

19

Wenn ich nicht einschlafen
kann, denke ich an andere,
die auch nicht schlafen können,
weil sie krank sind,
weil sie Schmerzen haben,
weil sie traurig sind,
weil sie Sorgen haben,
weil sie sich über nichts
freuen können.

Und ich denke an Dich, guter Gott.
Du beschützt mich
auch in dieser Nacht.
Bestimmt lässt Du mich
bald einschlafen.

20

Vater im Himmel,
es ist Abend.
Wir legen uns schlafen.
Wir bitten Dich, behüte uns.

Aber ehe wir einschlafen,
denken wir an alle,
die kein warmes Bett haben.
An die Kinder, die keine Mutter
und keinen Vater haben.
An die Mütter und Väter,
die Angst haben um ihr Kind,
weil es krank ist, oder die verzweifeln,
weil sie ihm nichts zu essen
geben können.
Wir denken an die vielen Menschen,
die im Krankenhaus liegen

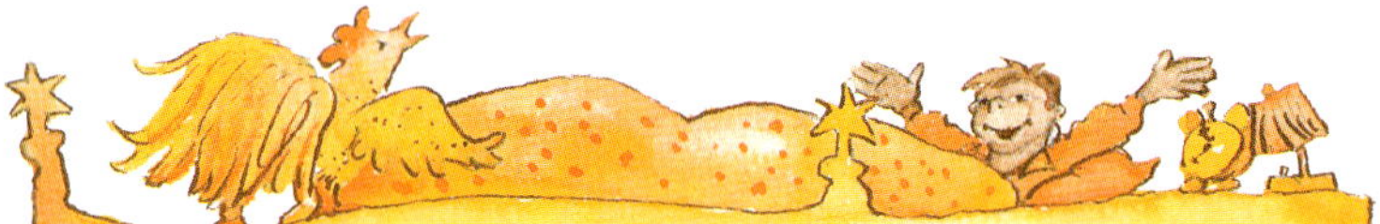

und Schmerzen haben
und schwach sind,
die Angst haben und
vielleicht sterben müssen.
Es sind so viele.

Wir denken an die Männer
und Frauen, die heute Nacht
arbeiten müssen.
Bei der Eisenbahn oder in der Fabrik
oder im Krankenhaus
oder im Elektrizitätswerk.
Gib ihnen einen guten Schlaf,
wenn es wieder Morgen wird.

Wir denken an die,
die man Verbrecher nennt,
die so unglücklich sind,
dass sie andere Menschen überfallen
und ausrauben und verletzen
oder gar töten.
Sie sind Deine Kinder und möchten
irgendwo zu Hause sein
bei einem Menschen, der sie liebt.

Wir denken an die Familien,
denen der Krieg das Haus zerstört hat,
die vertrieben werden aus ihrem Land
und die irgendwo hingehen müssen,
wo sie fremd sind, wo sie niemand kennt
und niemand sie haben will.

Wir denken an die Kinder in Afrika
und in anderen Ländern,
die jeden Tag hart arbeiten müssen,
damit wir Schokolade haben und Kaffee,
Reis und Apfelsinen,
und die von den guten Dingen, die auf
unserem Tisch sind, nichts bekommen.

Wir denken an die Kinder,
die den Vater oder die Mutter
nicht mehr bei sich haben.
Hilf uns, dass wir zusammenhalten
und zusammenbleiben und dazu beitragen,
dass mehr Menschen miteinander
glücklich sind.

Tagein, tagaus – Jahr für Jahr

Was passiert nicht alles im Laufe eines Jahres: Mal freuen wir uns, ein anderes Mal sind wir traurig; mal sind wir mutig, ein anderes Mal ängstlich; mal geht es uns gut, ein anderes Mal haben wir Schmerzen. Und wie oft sind wir richtig ärgerlich oder sogar wütend – auf uns selbst oder andere! All das können wir vor Gott bringen. Er hat uns ins Leben gerufen. Seine Liebe trägt uns.

Staunen und danken will ich

1

Kein Tier ist hier auf Erden,
Dir, lieber Gott, zu klein.
Du ließ’st sie alle werden,
und alle sind sie Dein.

2

Alle Gräser auf den Feldern,
alles, was in Gärten blüht,
alle Blumen in den Wäldern,
alles, was man grünen sieht,
muss, wenn auch die Menschen schweigen,
Gottes Lieb und Lob bezeugen.

3

Die Schnecke hat ihr Haus,
ihr Fellchen hat die Maus.
Der Sperling hat die Federn sein,
der Falter bunte Flügel fein.
Nun sage mir, was hast denn du?
Ich habe Kleider und auch Schuh
und Vater und Mutter und Lust und Leben.
Das hat mir der liebe Gott gegeben.

4

Wer hat die Sonne denn gemacht,
den Mond und all die Sterne?
Wer hat den Baum hervorgebracht,
die Blumen nah und ferne?
Wer schuf die Tiere groß und klein?
Wer gab auch mir das Leben?
Das tat der liebe Gott allein.
Drum will ich Dank ihm geben.

5

Worüber wir staunen:
dass die Welt hinter den Bergen
nicht zu Ende ist,
dass, was dir im Spiegel begegnet,
du selbst bist.
Dass die Erde rund ist und sich dreht,
und dass der Mond,
auch wenn es regnet, am Himmel steht.
Dass die Sonne,
die jetzt bei uns sinkt,
andern Kindern
Guten Morgen winkt.

6

Was du nicht zählen kannst:
die Wassertropfen
und die weißen Flocken;
Blumen, die eine Wiese bedecken,
und nach dem Regen die Schnecken;
in den Bäumen die Spatzen
und in Rom die Katzen;
Sterne, die vom Himmel fallen,
und im Meer die Muscheln
und Korallen.

7

Was du nicht sehen kannst:
was du atmest, die Luft,
von den Rosen den Duft;
aus der Erde die Kraft,
die Süße vom Apfelsaft;
die Schmerzen des Kranken,
deine Gedanken,
dein guter Wille
und die Stille.

Gott ist da,
im Unsichtbaren nah.

8 Du hast uns Deine Welt geschenkt

Worte: Rolf Krenzer – Musik: Detlev und Jele Jöcker

Menschenkinder-Musikverlag, Münster

... als Spiellied gestaltet

Zu »Du hast ... geschenkt« beschreiben die Arme und Hände eine Erdkugel.

Zu »Himmel« zeigen beide Arme und Hände nach oben.

Zu »Erde« zeigen beide Arme und Hände nach unten.

Zu »Gott, wir danken dir« streckst du beide Arme nach vorne (mit geöffneten Handflächen).

2. ... die Länder – die Meere

Zu »Länder« die Hände nach vorne ausbreiten.

Zu »Meere« große Wellenbewegungen andeuten.

3. ... die Sonne – die Sterne

Zu »Sonne« beide Arme und Hände nach oben strecken und überkreuzen.

Zu »Sterne« öffnen sich Arme und Hände und bleiben oben.

4. ... die Berge – die Täler

Zu »Berge« die Hände zu Bergspitzen über dem Kopf schließen.

Zu »Täler« mit gefalteten Händen nach unten zeigen.

5. ... die Blumen – die Bäume

Zu »Blumen« bilden die Hände einen Kelch für die Bienen.

Zu »Bäume« die Hände und Arme über dem Kopf im Bogen zu einer Baumkrone schließen.

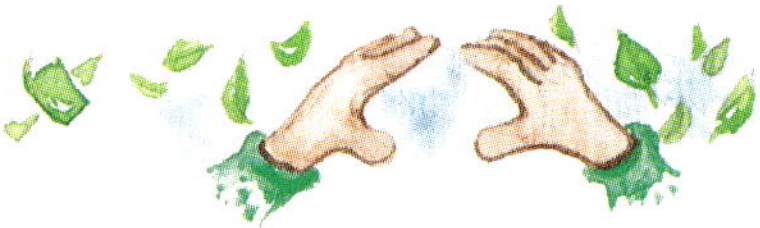

6. ... die Vögel – die Fische

Zu »Vögel« machst du nach beiden Seiten Flugbewegungen.

Zu »Fische« schlängelnde Schwimmbewegungen mit gefalteten Händen nach vorne.

7. ... die Tiere – die Menschen

Zu »Tiere« zeichnest du mit einer Hand den Rücken deines Lieblingstieres nach.

Zu »Menschen« mit beiden Händen die Figur eines Menschen von Kopf bis Fuß.

8. ... Du gabst mir das Leben

Zu »mein Leben« die Hände vor der Brust kreuzen.

9. ... Du gabst uns das Leben

Zu »Welt gestellt« fassen sich alle an den Händen und bilden einen Kreis.

9

Nimm alles Wasser weg von dieser Erde,
und sie wird kahl und unbewohnbar wie der Mond:
kein Baum,
kein Blatt,
kein Fluss,
kein Meer,
kein Schnee,
kein Eis,
kein Tier,
kein Mensch.

Nimm alles Wasser weg.
Was bleibt, ist eine Wüste.
Ein kleiner Regen –
und die Wüste grünt!

Wasser bringt: Leben.
Danke, Gott, für das Wasser.

Mich freuen und Dich loben darf ich

1 **Du bist Vater und Mutter ...**

Du bist gestern und morgen,
nah und verborgen.
Du bist der ICH-BIN-DA

Lasst uns loben und preisen,
ihm Ehre erweisen,
singen: HAL-LE-LU-JA!

Worte und Musik: Ludger Edelkötter
Impulse-Musikverlag, Drensteinfurt

2

Guter Gott,
wenn ich still
und ruhig bin,
spüre ich, wie mein Herz klopft.
Ich spüre,
wie die Luft in mich eindringt
und wieder ausströmt.
Ich spüre die Wärme.
Ich spüre mein Leben.
Guter Gott, ich freue mich,
dass ich lebe.

3

Dass ich springen darf und mich freuen – ich danke Dir!
Dass ich spielen darf und mich freuen – ich danke Dir!

Dass ich tanzen darf und mich freuen – ich danke Dir!
Dass ich träumen darf und mich freuen – ich danke Dir!

Dass ich singen darf und mich freuen – ich danke Dir!
Dass ich lieben darf und mich freuen – ich danke Dir!

(Vielleicht kannst du weitere Strophen erfinden …)

4

Zeit und Ruhe

Worte und Musik: Gertrud Weidinger

5

Ich liege still da und spüre
den Boden, auf dem ich liege,
die Hand auf der Decke,
den Atem, der meinen Bauch hebt und senkt,
die Zunge, die sich vom Gaumen löst,
eine Stelle, die mir weh tut,
die Beine, in denen es kribbelt,
die Strümpfe, an meinen Füßen.
Ich spüre, dass ich nicht länger liegen will und kann.
Ich spüre:
Ich bin lebendig, ich bin ich,
und Du, Gott, bist bei mir.
Das ist schön. Amen.

(Lasst einander viel Zeit, um dies alles zu spüren!)

6

Blinde lernen mit den Händen sehen.
Auch ich kann fühlen:

- wo beim Apfel der Stiel sitzt
  und wie groß sein Krönchen ist
- wer neben mir steht
  und was er (sie) an hat
- welcher Typ von Matchbox-Auto es ist
- welcher Stift vor mir liegt
- was mir jemand mit Großbuchstaben
  auf den Rücken schreibt

Guter Gott,
Du hast mir ein feines Gefühl gegeben –
bis in die Fingerspitzen.
Es ist schön, wenn ich feinfühlig
mit Dingen und Menschen umgehen kann.
Amen – ja, so soll es sein.

*(Vielleicht mögt ihr das alles ausprobieren
und noch anderes dazu …)*

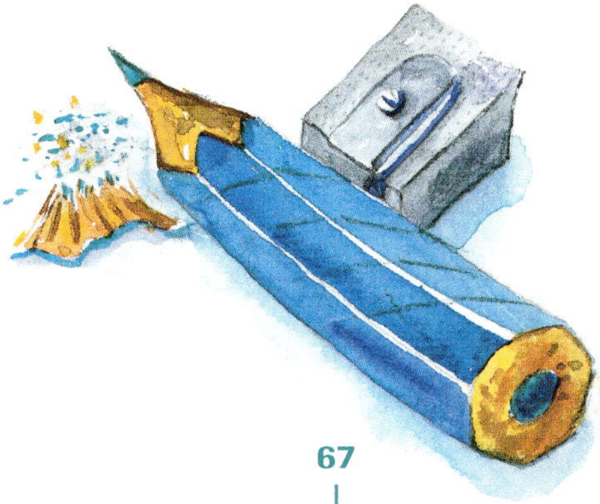

7

Du bist die Luft,
die wir atmen.

Du bist das Licht,
das wir sehen.

Du bist das Brot,
das wir teilen.

Du bist der Weg,
den wir gehen.

Du bist die Hand,
die uns schützt.

Du bist der Mut,
der uns stark macht.

Wir leben von Dir.
Amen.

8

Augen hast Du mir gegeben

Ohren ... Lippen ... Eltern ... Tiere ... Blumen ...

(Du kannst noch neue Worte erfinden!)

Quelle unbekannt

9

Ich tanze gern im Regen.
Er kommt mir sehr gelegen.
Denn Regen, der bringt Segen.
Ja, Regen, der bringt Segen.

Ich trete in die Pfützen
und lass es herrlich spritzen.
Die Gräser glitzern, blinken.
die Vögel können trinken.

Bei Blitzen und Gewittern
muss ich ein bisschen zittern.
Wenn mich die Donner schrecken,
geh ich mich rasch verstecken.

Jetzt scheint die Sonne wieder.
Ich recke alle Glieder.
Ein bunter Regenbogen
ist plötzlich aufgezogen.

Still schaue ich und staune,
krieg wieder frohe Laune.
Ich hab die Angst verloren,
fühl mich wie neu geboren.

Ich mag nun wieder springen,
will hüpfen, tanzen, singen –
ganz frei und ohne Schranken.
Mein Gott, will ich Dir danken.

10

Kommt alle und freut euch!

Kommt alle und singet ...
Kommt alle und betet ...
Kommt alle und danket ...

(Erfindest du neue Strophen mit einem einzigen neuen Wort?)

Worte und Musik: Gertrud Lorenz
Kösel-Verlag, München

Manchmal bin ich traurig und habe Angst

1

Gott, meine Katze ist von
einem Auto überfahren worden.
Ich habe sehr viel geweint.
Kümmert es Dich nicht,
dass ich so traurig bin?

2

Weißt du, warum es regnet und schneit?
Weißt du, warum es Krieg gibt und Streit?
Weißt du, warum wir lachen und weinen?
Weißt du, warum die Sterne so winzig scheinen?
Weißt du, warum es warm wird und kalt?
Weißt du, warum wir jung sind und alt?
Weißt du, warum einer Geschichten schreibt?
Weißt du, warum Gott unsichtbar bleibt?

3

Er hat so schön gezwitschert
mein kleiner Vogel ...
Heute morgen ist er mir davongeflogen.
Mein Bruder wusste nicht, dass er im
Zimmer frei herumfliegen durfte,
und öffnete die Balkontür ...
Nun ist er weg
und lässt sich nicht mehr anlocken.
Ich bin ganz traurig, Gott,
dass mein Vogel nicht mehr da ist.
Ich habe mich mit ihm unterhalten,
auch wenn er nicht reden konnte.
Alles habe ich ihm erzählt und mit ihm
»Setz dich auf meinen Finger«
oder »Flieg auf meinen Kopf« gespielt.

Ich mache mir Sorgen, Gott,
denn er ist nicht gewohnt,
sich sein Futter zu suchen.
Lass ihn guten Menschen zufliegen.
Beschütze ihn vor Tieren,
die ihm schaden.

4

Du, Gott,
hast Du mich vergessen?
Ich rufe Dich am Tag.
Doch Du antwortest nicht.
Ich rufe Dich bei der Nacht.
Doch da ist keiner.
Bitte, verlass mich nicht;
bitte, hörst Du mich!?

5

Aus der Tiefe rufe ich zu Dir, o Herr.
Sei bei mir und schütze mich,
wie die Berge den See
umschließen und „bergen“.
Wie die Sonne den See erwärmt
und klar macht,
so gib Du mir Wärme und Licht,
damit ich leben kann und klarer sehe.
Schau auf mich, damit sich Dein Gesicht
in mir spiegelt. Amen.

6

Guter Gott, es ist schwer,
jeden Tag gut miteinander
auszukommen.
Oft klappt es nicht.
Manchmal liegt es auch an mir:
Ich mag nicht teilen,
sondern will alles für mich haben,
ich will immer der (die) Erste sein.
Das macht andere traurig.
Sie gehen weg.
Allein ist es nicht schön.
Lass mich um Verzeihung bitten
und einen neuen Anfang machen.
Amen.

7

Es gibt Tage,
da bin ich traurig und mutlos.
Die Sonne scheint.
Aber ihre Strahlen
erreichen nicht mein Herz.
Ich weiß nichts anzufangen.
Oft meine ich dann:
keiner will mich verstehen.

Dann verkrieche ich mich.
Was ist los?
Oft suche ich nach jemandem,
der mich in seine Arme schließt.

Halte mich fest an Deiner Hand, Gott,
so wie Du Jesus nicht
im Stich gelassen hast
auch in dunklen Stunden.
Ihn hast Du sogar
zu neuem Leben auferweckt.

8

Meine Stirn ist ganz heiß.
Der Schlafanzug klebt
nassgeschwitzt an meiner Haut.
Es geht mir schlecht.
Ich liege mit Fieber im Bett
und habe zu nichts rechte Lust.
Wie soll ich diesen lieben,
langen Tag herumbringen, Gott?

Ich bin froh,
wenn Mama oder Papa sich
auf meine Bettkante setzen,
meine Stirn mit einem Lappen kühlen
und meine Hand streicheln.
Es geht mir besser,
wenn Opa mich besucht und mir
Geschichten von früher erzählt.

Aber ich wünsche mir sehr,
dass ich bald wieder gesund werde,
guter Gott,
und nicht nur ich,
sondern alle Menschen
und Tiere auf der Welt.
Sicher sind manche noch viel
schlimmer krank als ich!

9

Lieber Gott,
Stefan ist blind.
Er kann mich nicht sehen,
nur hören mit seinen Ohren
und ertasten mit seinen
Fingern und Händen.
Er kann überhaupt niemanden sehen.
Er weiß nicht,
wie seine Eltern aussehen,
wie hell die Sonne scheint am Tag
und der Mond in der Nacht.
Und all die vielen Dinge,
die Du gemacht hast.

Lieber Gott, segne Stefan,
wenn er darüber traurig ist.
Vielleicht werde ich einmal
sein Freund. Amen.

10

Guter Gott,
Mama (Papa) ist fortgegangen.
Weißt Du, warum das so ist?
Es tut oft so weh.
Nimm Du mich in den Arm!
Hilf Mama (Papa) und mir,
wenn es ganz schwer wird. Amen.

11

Papa/Mama ist ausgezogen.
Wie soll ich das verstehen, Gott?
Er/sie hat versprochen,
dass er/sie vielleicht wiederkommt,
wenn er/sie sich mit Mama/Papa
wieder versteht.
Auf alle Fälle darf ich ihn/sie
immer wieder besuchen,
hat er/sie gesagt.
Trotzdem habe ich Angst.
Ich will ihn/sie doch nicht verlieren.
Mama/Papa ist auch ganz traurig,
was kann ich da machen?
Ich bin doch noch so klein.
Es will nicht in meinen Kopf,
dass Papas/Mamas Platz nun leer bleibt.
Jetzt haben wir es sehr schwer.
Hilfst Du uns, Gott?
Bitte, hilf uns!

12

Ja, wenn ich so wäre wie Du, Gott,
dann hätte ich wohl keine Angst mehr!
Keine Angst, alleine zu sein,
erwischt zu werden,
oder dass ich etwas nicht schaffe ...
Neulich hat sogar Frank,
und der ist bei uns der größte und stärkste,
Angst gehabt,
weil wir uns verlaufen hatten.

Ob alle Menschen Angst haben?
Vielleicht sogar Du – um mich,
so wie manchmal meine Eltern sagen:
»Wir haben dich gesucht
und hatten solche Angst um dich!«

Lass mich besonders achtsam sein
und hilf mir, guter Gott,
wenn ich Angst habe.
Gib mir den Mut,
laut ein Lied zu pfeifen.
Dann geht es mir sicher schon besser.

13

Was uns Angst macht:
wenn es auf dem Boden knistert und knarrt,
wenn etwas leise hinter der Holzbeige scharrt,
wenn der Himmel schwarz und dunkel ist,
wenn es donnert und blitzt,
wenn ein Stier uns entgegenrennt,
wenn es hagelt und brennt,
wenn der Sturm an den Läden rüttelt
und die Kronen der Bäume schüttelt.

Wenn wir durch einen Wald spazieren
und plötzlich die Richtung verlieren,
wenn hinter den Büschen Gespenster lauern
und hinter den Steinen Gestalten kauern,
wenn sich Riesen im Traum verstecken
und uns mitten in der Nacht wecken,
wenn uns die Mutter in den Keller schickt,
wenn vor uns ein Mäuslein erschrickt.

14

Was uns die Angst nimmt:
Vater und Mutter
und vertraute Gesichter,
im Dorf und in der Stadt die Lichter;
die Sonne, die uns am Morgen weckt,
das Kätzchen, das sich
in unserm Arm versteckt.
Im Bett Teddybären und Puppen,
Sterne, die durchs Fenster gucken.
Bruder, Schwester,
Neffen und Nichten
und in der Schule
die schönen Geschichten.
Alles, was jeden Tag mit uns lebt,
und am Abend das Gutenachtgebet.

15

Meine Angst ist wie ein rotes Licht,
sie sagt: Halt, wach auf und schlafe nicht.
Du kannst doch die Augen nicht schließen,
wenn Menschen auf Menschen schießen.
Ich bleibe nicht stumm, ich bleibe stehn,
und ich frage warum, und ich frage: Für wen?
Jetzt will ich die Großen fragen,
warum sie das alles ertragen.

Meine Angst ist wie ein rotes Licht,
sie sagt: Halt, wach auf und schlafe nicht.
Du kannst doch den Kopf nicht abwenden,
wenn Vögel und Fische verenden.

Meine Angst ist wie ein rotes Licht,
sie sagt: Halt, wach auf und schlafe nicht.
Du kannst doch die Luft nicht gebrauchen,
wenn 10 000 Schornsteine rauchen.

Meine Angst ist wie ein rotes Licht,
sie sagt: Halt, wach auf und schlafe nicht.
Du kannst dich doch nicht einfach fügen,
wenn Menschen einander betrügen.
Ich bleibe nicht stumm, ich bleibe stehn,
und ich frage warum, und ich frage: Für wen?
Jetzt will ich die Großen fragen,
Warum sie das alles ertragen.

16

Wenn es mir nicht so gut geht,
dann überlege ich mir, guter Gott,
worauf ich mich freuen kann:

- Auf das Martinsfest mit dem Laternenzug
- Auf den Adventskranz und den Adventskalender
- Auf Jesu Geburtstag an Weihnachten
- Und auch auf meinen Geburtstag
- Auf den Osterhasen und das Ostereier-Suchen

Ich freue mich:

- Auf den ersten Schnee
- Auf die Blumen im Frühling
- Auf das Schwimmbad im Sommer
- Dass ich bald in den Kindergarten/
  die Schule komme ...

Guter Gott,
jetzt geht es mir schon wieder besser ... Danke!

Ich habe tausend Wünsche, Bitten und Hoffnungen

1 Ich habe tausend Wünsche

2. Ich möchte gern ein Haus mit
Garten für uns nur ganz allein,
und hab ich es, dann frag ich mich:
Muss es so groß denn sein?
Allmählich bröckelt ab der Putz.
Was bleibt am Ende mir als Schutz?

3. Ich möchte eine neue Erde
für Menschen, Groß und Klein,
dort sollte Platz für Elefant,
Löwe und Tiger sein.
Kein Krieg macht diese Welt kaputt.
Kein Mensch legt sie in Schrott und Schutt.
Ich habe tausend Wünsche,
tausend und noch mehr.
Doch wenn Gott *diesen* Wunsch erfüllt,
dann bleibt mein Herz *nicht leer.*

Worte: Norbert Weidinger –
Musik: Ludger Edelkötter
Impulse-Musikverlag, Drensteinfurt

2 Wir wünschen, dass jedes Kind …

Wir wünschen, dass jedes Kind auf der Welt Freunde hat …
Wir wünschen, dass jedes Volk auf der Welt Frieden hat …

Worte: Hans-Jürgen Netz – Musik: Ludger Edelkötter
Impulse-Musikverlag, Drensteinfurt

3

Keinen Tag soll es geben,
an dem du sagen musst:
Niemand ist da, der mich hört.

Keinen Tag soll es geben,
an dem du sagen musst:
Niemand ist da, der mich schützt.

Keinen Tag soll es geben,
an dem du sagen musst:
Niemand ist da, der mir hilft.

Keinen Tag soll es geben,
am dem du sagen musst:
Ich halte es nicht mehr aus.

Gott, segne alle deine
und meine Tage. Amen.

… als Fürbittruf

kannst du oder jemand anderes
nach jedem Liedruf ganz frei
eine Bitte aussprechen!

4

Beschütze alle Kinder,
lieber Gott,
bitte, beschütze alle Kinder
auf der ganzen Welt.
Die Indianerkinder,
die Eskimokinder.
Die Kinder in Polen,
die Kinder in Afrika,
die Kinder in Russland,
die Kinder in Frankreich,
die Kinder in Deutschland.
Bewahre sie vor Gefahren,
auf dem Schulweg
und beim Spielen,
und hilf ihnen,
zu gesunden und guten
Menschen zu werden.
Hilf ihnen, dass sie Dich, Gott,
Vater im Himmel, finden.

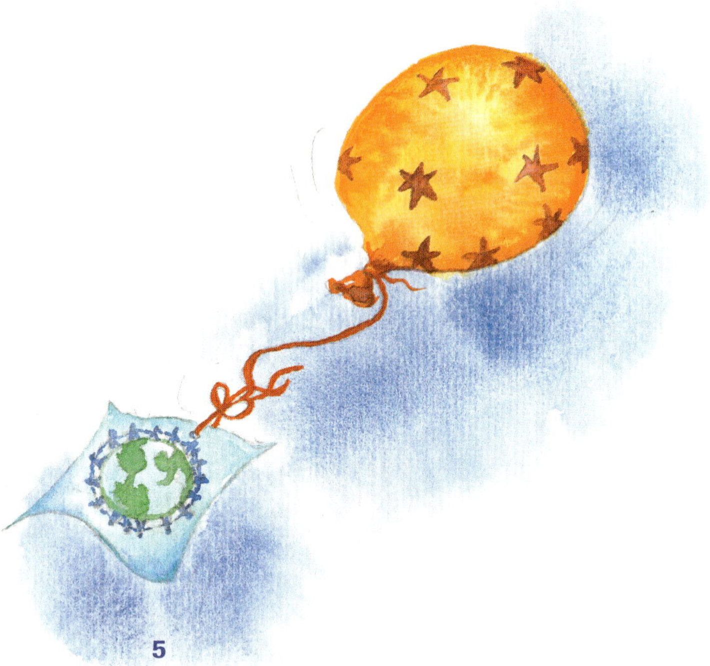

5

Gott,
alles auf der Erde und
am Himmel stammt von Dir.
Es war gut. Jetzt ist vieles in Unordnung:
Bäume sterben, das Wasser
in den Flüssen ist vergiftet,
die Fische gehen zugrunde;
in Feld und Wald sind viele Tiere krank.
Das hast Du nicht gewollt.
Gib, dass wir Deinen Willen erkennen.
Lass uns etwas dagegen tun. Amen.

6

Lieber Gott,
wir möchten Dich finden,
denn wenn Du nicht da bist,
sind wir sehr allein.

Niemand hat Dich je gesehen.
Aber Jesus erzählt uns
von Dir und Deinem Reich.
Ihm hören wir zu.

Ihm glauben wir es,
wenn er sagt: Euer Vater im Himmel
ist nahe bei euch. Er sieht euch.
Er kennt euch. Er sorgt für euch.

Wir danken Dir,
dass das wahr ist. Amen.

7

Das Leben ruht in Deinen Händen
und dennoch wird es einmal enden.
Ruf jeden dann bei seinem Namen,
birg uns in Deiner Liebe. Amen.

8

Jemand stirbt,
und das ist,
wie wenn Schritte verstummen.
Aber wenn es ein kurzer Aufenthalt
vor einer neuen Reise wäre?

Jemand stirbt,
und das ist,
wie wenn eine Türe zuschlägt.
Aber wenn es ein Tor wäre,
dahinter andere Landschaften
sich auftun?

Jemand stirbt.
Das ist,
wie wenn ein Baum
auf die Erde stürzt.
Aber wenn es ein Same wäre,
der in einer anderen Erde keimt?

Gott, alles was stirbt,
erwache bei Dir zu neuem Leben
wie wir nach einem langen Schlaf.
Amen.

9 Das wünsch ich sehr

Worte: Kurt Rose – Musik: Detlev Jöcker

Menschenkinder-Musikverlag, Münster

10 Guter Gott, wir brauchen Dich

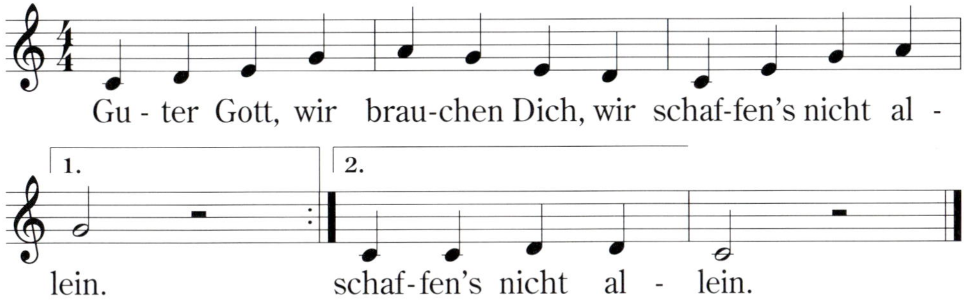

Worte und Musik: Gertrud Weidinger

11 Der Traum von einem Paradies

Wo Bäume tausend Früchte bringen
und wir bei der Arbeit singen.
Wo wir miteinander lachen und die
schönsten Sachen machen.

Wo Feinde sich die Hände reichen,
Angst und Schrecken endlich weichen,
Gott erfüllt uns jede Bitte,
er wohnt selbst in unsrer Mitte.

Worte: Norbert Weidinger/Rolf Krenzer – Musik: Ludger Edelkötter
Impulse-Musikverlag, Drensteinfurt

Feste feiern macht mir großen Spaß

1 Viel Glück und viel Segen

Worte und Musik: Volksgut

2

Mein Vater,
mich habe heute Geburtstag.
Du hast mich beschützt
im vergangenen Jahr.
Ich danke Dir für Deine Güte
und Freundlichkeit.
Du hast mir Eltern gegeben,
die mich liebhaben,
eine Wohnung, Geschenke
und Kleider.
Ich danke Dir, mein Vater.
Hilf mir,
dass ich in meinem neuen Lebensjahr
keine großen Fehler mache.
Lass mich groß und stark werden.
Amen.

Aus Indien

3

Ich freue mich so sehr.
So schöne Geschenke habe ich
zum Geburtstag bekommen.
Wie habe ich mich darüber gefreut, guter Gott,
über das Kinderfahrrad
von meinen Eltern,
die Ohrringe von Tante Ingrid,
die Kassette
von meiner Schwester Birgit ...

(natürlich kannst du von deinen Geschenken erzählen!)

Ich habe mich bei ihnen bedankt.
Da haben sie sich mit mir gefreut.
Bedanken möchte ich mich auch bei Dir, Gott,
denn Dir und der Liebe meiner Eltern
verdanke ich meinen Geburtstag,
mein Leben.

4

Ich schreibe meinen Namen ...

Jetzt schreibe deinen Namen
auch in die Hand von mir.
Ich lese deinen Namen
und weiß etwas von dir.

Ich sage meinen Namen
auch leise in dein Ohr
und stelle mit dem Namen
mich dir ganz herzlich vor.

JAHR FÜR JAHR: NAMENSTAGSLIED

Jetzt sage deinen Namen
auch leise noch zu mir.
Und höre ich den Namen,
weiß ich noch mehr von dir.

Wir kennen unsre Namen
und stehen Hand in Hand.
So knüpfen wir zusammen
von Mensch zu Mensch ein Band.

Gott sind all unsre Namen
von Anfang an bekannt.
Er selbst hält uns zusammen.
Wir sind in seiner Hand.

(Nun kann tanzend weitergesungen werden)
Wir kennen unsre Namen
und gehen Hand in Hand ...
und tanzen Hand in Hand ...
und singen Hand in Hand ...
(und so weiter)

Worte: Rolf Krenzer – Musik: Detlev und Jele Jöcker
Menschenkinder-Musikverlag, Münster

5

Wir feiern heut' ein Fest

Wir feiern heut ein Fest und singen miteinander ...
Wir feiern heut ein Fest und danken für die Gaben ...
Wir feiern heut ein Fest und teilen miteinander ...

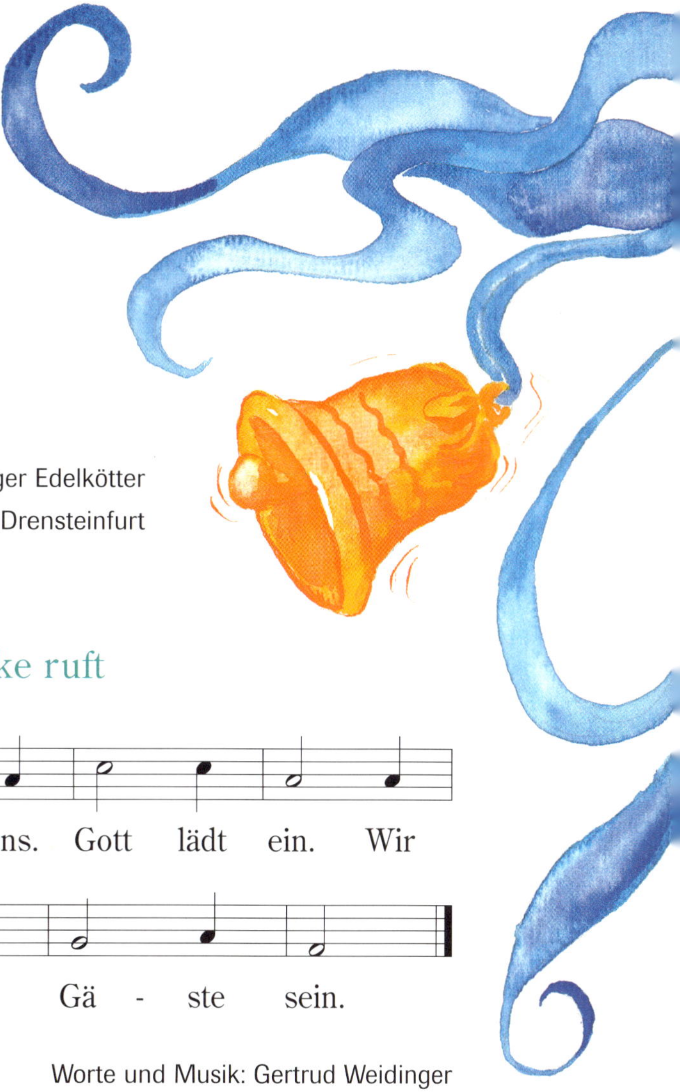

(Weitere Strophen erfinden ... zum Beispiel:)

... und klatschen in die Hände ...
... und stampfen mit den Füßen ...
... und tanzen miteinander ...
... und schnippen mit den Fingern ...
... und schnalzen mit der Zunge ...

Text: Rolf Krenzer – Musik: Ludger Edelkötter
Impulse-Musikverlag, Drensteinfurt

6

Die Glocke ruft

Worte und Musik: Gertrud Weidinger

Freunde zu haben ist ein Glück

1

Gott, wenn Du auch
so einen guten Freund
wie ich hast,
dann hast Du Glück.
Mein Freund und ich,
wir verstehen uns gut.
Wir gehen zusammen
in den Kindergarten und spielen
auch zusammen.
Lass uns immer Freunde bleiben.

2

Ich danke Dir, Gott,
dass ich nicht allein bin
auf dem Weg durch den Tag.

Du hast mir Menschen gegeben,
die mich begleiten,
die mich verstehen,
die mich lieben.

Mein Gott, ich bitte Dich
für meine Familie,
für meine Freunde:

Sei Du mit ihnen.
Sei Du mit uns.
Segne unser Gespräch,
unser gemeinsames Leben.

Hilf uns teilen,
was Du uns schenkst
und was Du uns auflädst.
Gib uns Geduld und Treue.
Amen.

3

Gott,
wir brauchen Menschen
in unserer Nähe,
die gut zu uns sind.
Lass uns spüren,
dass Du uns nahe bist
wie ein guter Freund,
dass Du bei uns bist,
uns anrührst und hältst.
Amen.

4

»Du bist mein allerbester Freund!«
hat Ralf zu mir gesagt.
Da habe ich mich gefreut
wie bei der Bescherung an Weihnachten.
Schnell habe ich erwidert:
»… und du meiner!«
Danke, Gott, für unsere Freundschaft!
Amen.

5

Herr, warum muss mir das passieren?
Jetzt habe ich meinen besten Freund verloren.
Er ist mit seinen Eltern ins Ausland gegangen.
Natürlich will ich ihm schreiben.
Aber ich weiß: Die Verbindung wird abbrechen.
Ich brauche einen neuen Freund.
Kannst Du ihn mir geben?

6

Gott, Du bist mein Freund.
Das sage ich mir jeden Tag:
Du bist mein Freund.

Das sage ich mir, wenn ich durch das Dunkel gehe:
Du bist mein Freund.

Das sage ich mir, wenn ich lache:
Du bist mein Freund.

Das sage ich mir, wenn die Sonne brennt:
Du bist mein Freund.

Das sage ich mir, wenn ich habe, was ich brauche:
Du bist mein Freund.

Das sage ich mir, wenn ich Hunger habe:
Du bist mein Freund.

Das sage ich mir, wenn ich glücklich bin:
Du bist mein Freund.

Das sage ich mir, wenn ich elend und krank bin:
Du bist mein Freund.

Das sage ich mir heute, morgen, übermorgen ...:
Du bist mein Freund.

7

Kein Mensch auf der ganzen Welt hat Augen so wie deine.
Manche sind braun und groß und rund dazu,
doch deine sind einzig, es sind eben deine.
Dich gibt's nur einmal, du bist eben du.

Nicht eine Stimme klingt genau wie deine,
ob sie nun stammelt, redet oder singt,
denn deine Stimme hast nur du alleine,
sonst gibt es keine, die so klingt.
Du bist etwas Besonderes, denn dich gibt's nur einmal.
Keiner ist genauso, wie du eben bist.

Du hast eigene Gefühle und hast dein Geheimnis,
und dein eigenes Glück, das tief in dir ist.
Und keiner kann lächeln, so wie du jetzt lächelst.
Kein Mensch der Welt macht's genau wie du.
Dein Gesicht hast du ganz für dich alleine.
Du bist etwas Besonderes.
Du bist eben du.

8

Die Eltern mein empfehl ich Dir,
behüte, lieber Gott, sie mir.
Vergilt, o Gott, weil ich nicht kann,
das Gute, das sie mir getan.

9

Guter Gott,
Du hast mir Vater und Mutter gegeben.
Sie sorgen für mich. Sie helfen mir.
Ich bitte Dich: Halte sie gesund.
Schenke ihnen Freude und Kraft.
Steh ihnen zur Seite, wenn sie Sorgen haben.
Gib, dass wir uns gut verstehen.
Halte Deine schützende Hand über uns
und lass uns alle zusammen zu Dir finden.

Wir gehören zusammen

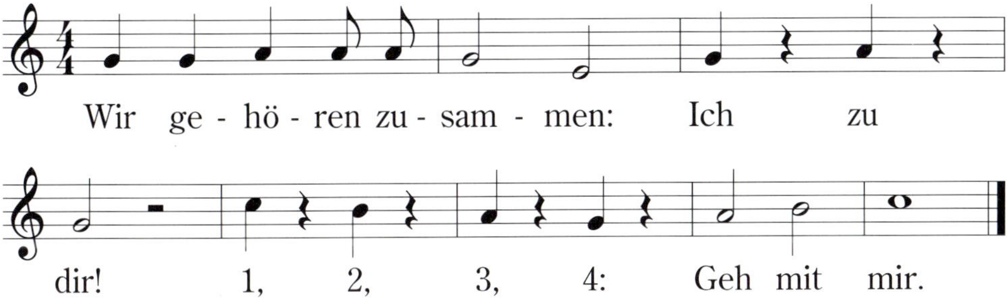

Worte und Musik: Gertrud Weidinger

11 Wenn einer sagt: »Ich mag dich, du«

Wenn einer sagt: »Ich brauch dich, du, ich schaff es nicht allein.«
Dann kribbelt es in meinem Bauch, ich fühl mich nicht mehr klein.

Wenn einer sagt: »Komm, geh mit mir, zusammen sind wir was.«
Dann werd ich rot, weil ich mich freu, dann macht das Leben Spaß.

Gott sagt zu dir: »Ich hab dich lieb und wär so gern dein Freund.
Und das, was du allein nicht schaffst, das schaffen wir vereint.«

Worte und Musik: Andreas Ebert

Hänssler Verlag, Neuhausen-Stuttgart

Gib mir und der ganzen Welt Deinen Segen!

1

Gottes Engel, steh mir bei,
dass mein Tun gesegnet sei.
Amen.

2

Von Gott behütet, geh ich fort.
Er leitet mich von Ort zu Ort.
Er bleibt bei mir auf allen Wegen
mit seiner Kraft und seinem Segen.

3

Hilf, guter Gott,
und steh uns bei,
dass dieser Tag
gesegnet sei. Amen.

4

Gott segne dich.
Er erfülle deine Füße mit Tanz,
deine Arme mit Kraft,
deine Hände mit Zärtlichkeit,
deine Augen mit Lachen,
deine Ohren mit Musik,
deine Nase mit guten Gerüchen,
deinen Mund mit Jubel,
dein Herz mit Freude.
So segne dich Gott!

5

Segensspruch für jeden Tag

Am Sonntag:
Gott segne deine Hände und alles,
was du mit ihnen vollbringst,
damit sie zart und behutsam sind,
dass sie helfen, trösten und segnen.

Am Montag:
Gott segne deine Augen,
damit sie das Schöne in der Welt sehen,
die kleinen Käfer und Blumen
und Brotkrümel,
dass alle Menschen sich freuen,
wenn du sie anschaust und anlächelst.

Am Dienstag:
Gott segne deine Ohren,
damit sie hellhörig sind,
wenn jemand um Hilfe ruft
und dich braucht,
dass du gut zuhören kannst,
wenn dir andere etwas Wichtiges
erzählen wollen.

Am Mittwoch:
Gott segne deinen Mund,
damit er froh grüßen,
freundliche und liebe Worte
sagen kann,
wem immer du begegnest,
dass er aufrichtige und
heilende Worte ausspricht,
wenn andere bei dir Trost suchen.

Am Donnerstag:
Gott segne deine Nase,
damit du den Duft der Blumen,
des Brotes und aller anderen
guten Dinge riechst,
dass du dich daran freuen und stärken
und andere Menschen darauf
aufmerksam machen kannst.

Am Freitag:
Gott segne dein Herz,
damit es hart und unverletzbar wird
wie ein Stein,
wenn jemand dich beleidigen
und verletzen will,
dass es vor Freude springt,
wenn du lieben Menschen,
Pflanzen und Tieren begegnest.

Am Samstag:
Gott segne dich ganz und gar,
mit Haut und Haar, so wie du bist:
deine behutsamen Hände,
deine lebendigen Augen,
deine hellhörigen Ohren,
deinen lachenden Mund,
deine wachsame Spürnase,
dein warmes Herz –
heute und alle Tage. Amen.

Kindergebete rund um den Erdball

In diesem Jahrhundert ist unsere Welt enger zusammengerückt. Rundfunk und Fernsehen, Reisemagazine und Kinderbücher, erst recht bunt gemischte Kindergartengruppen und Schulklassen machen uns deutlich: »Wir leben in der *einen* Welt.« Kindergebete aus fremden Ländern vertiefen das Bewusstsein: »Alle Menschen sind Geschwister, weil sie den einen Gott als Vater und Mutter haben.«

RUND UM DEN ERDBALL: ALLERWELTSGEBETE

1

Lobet und preiset, ihr Völker, den Herrn (Kanon)

Worte: Psalm 67, 4-6 – Musik: Volksgut

2

Gott, unser Vater,
segne Vater und Mutter,
damit sie immer gesund bleiben.

Aus Indonesien

3

Lieber Gott,
ich habe einen liebevollen Vater.
Ich habe eine Mutter, die für mich sorgt.
Bitte, hilf allen Kindern,
die weder Vater noch Mutter haben.
Bitte, schenk ihnen wenigstens
einen Menschen, der sie liebhat.
Ich danke Dir.

Aus Äthiopien

4

Der Hahn hat schon gekräht.
Ich bin wach.
Bist Du auch schon wach,
lieber Gott?
Hast Du gut geschlafen?
Ich habe sehr gut geschlafen
und danke Dir.
Bleib bei uns
und beschütze uns. Amen.

Aus Kenia

5

Vater im Himmel,
heute ist ein schöner Tag.
Die Sonne scheint warm.
Viele Blumen blühen.
Viele Vögel singen.
Wir sitzen im Freien
und spielen Gitarre
und singen dazu Morgenlieder.
Ich freue mich,
weil heute so ein schöner Tag ist.

Aus Österreich

6

Lieber Gott,
ich weiß, Du bist gut.
Du hast alles für uns gemacht:
die Sonne, den Mond, die Sterne,
die Erde, das Meer, die Vögel
und Blumen.
Alles, was lebt;
alles, was stillsteht;
alles, was sich regt;
alles, was ich sehe;
alles, was meine Augen nicht sehen:
Du hast alles gemacht, lieber Gott,
Du bist groß, Du bist gut.
Du bist mein Freund.

Aus Lateinamerika

7

Großer Gott,
die Kinder verstehen meine Sprache nicht.
Ich habe dunkle Haare und braune Haut
und komme aus einem fernen Land.
Ich bin allein und traurig.
Ich möchte so gern mit den Kindern
spielen und sprechen.
Aber sie schicken mich weg.
Wie gut, dass Du meine Sprache verstehst
und mich liebhast.

Aus Deutschland

8

Ich bete für die Länder,
wo Krieg ist.
Lass die Menschen
die Waffen wegwerfen
und wieder Frieden machen.
So können alle glücklich sein.
Amen.

Aus Afrika

9

Gott, unser Vater,
wir sind Deine Kinder.
Wir sind gekommen,
um Dich zu grüßen.
Wir sind hier, um Dir zu sagen,
dass wir uns freuen,
weil Du unser Vater bist.
Wir wissen, dass Du uns liebst.
Wir wissen, dass Du für uns sorgst.
Wir wollen Deine Kinder sein.
Hilf uns, gute Kinder zu sein.
Amen.

Aus Tansania

10

Gott, ich sehe Dich nicht.
Du bist aber überall.
Du bist in mir,
Du wohnst in meinem Herzen.
Und wenn ich Dich suche,
so brauche ich nur mit Dir zu sprechen,
denn Du bist da.
Dann habe ich Dich wieder gefunden.
Dann spüre ich, dass Du mich liebst.
Ich habe Dich auch gern.

Aus Afrika

11

Lieber Gott, wir danken Dir,
Du hast uns und alles
auf der Erde geschaffen.
Danke, dass Du mir Arme und Beine,
Augen, Mund und Ohren gegeben hast.
Gib mir die Kraft,
dass ich damit Gutes tue.
Hilf mir dabei.
Ich danke Dir für alles.

Aus Zimbabwe

12

Herr, ich bin fröhlich heute am Morgen.
Die Vögel und Engel jubilieren, und ich singe auch.
Das All und unsere Herzen sind offen für Deine Gnade.
Ich fühle meinen Körper und danke.
Die Sonne brennt meine Haut, ich danke.
Das Meer rollt gegen den Strand, ich danke.
Die Gischt klatscht gegen unser Haus, ich danke.

Herr, ich freue mich an der Schöpfung,
und dass Du dahinter bist und daneben
und davor und darüber und in uns.

Aus Westafrika

13

Gott, überall sitzen Menschen am Tisch.
Manche haben viel,
für andere reicht es kaum.
Wir teilen jetzt untereinander
das Brot, das Essen, das Trinken.
Wir möchten lernen,
mit vielen zu teilen.

Aus Brasilien

14

Die Morgenröte kleidet
sich in ihr Lichtgewand.
Sie will Ehre erweisen
dem Schöpfer der Menschen.

Der hohe Himmel
legt die Decke seiner Wolken
von sich. Er beugt sich
vor dem Schöpfer der Menschen.

Die Sonne,
die Königin unter den Sternen,
breitet ihre Strahlen aus
wie goldenes Haar.
Der Wind, der über die Erde geht,
streichelt auf seinem Wege
die Wipfel der Bäume,
und wir hören ihn reden
in den Zweigen.

In den Bäumen singen die Vögel
und bringen ihr Lied dar
dem Herrn der Erde.
Die Blumen breiten
ihre Farben aus und ihren Duft.
Es ist herrlich, sie zu sehen.

So rühmt auch mein Herz
Dich, meinen Vater,
bei jeder Morgenröte aufs neue,
Du, mein Schöpfer. Amen.

Aus Deutschland

15

Das Meer, Gott,
ist immer da.
Es kommt in den Wellen
immer wieder auf uns zu.
Es hört nie auf.
Auch Du bist immer da.
Immer wieder
kommst Du neu zu mir.
So erfahre ich Deine Liebe
immer wieder neu.
Ich bete zu Dir, Gott,
der da ist
und der kommt.
Amen.

Aus Südkorea

16

Gott, wir bitten Dich darum,
dass es keine abgebrannten Häuser
mehr gibt auf dieser Welt,
keine Menschen mehr in Häusern,
die wie Bäume ohne Blätter sind.

Gott, wir bitten Dich darum,
dass die Menschen auf den Straßen
keine Gewehre mehr tragen,
dass es keine Not und Verzweiflung mehr gibt,
sondern nur noch Freude und Liebe
unter den Menschen.
Amen.

Aus dem Libanon

17

Jesus, Du bist so nah,
wo wir einander helfen,
wo Kranke gesund werden,
wo Menschen die Wahrheit sagen,
wo Flüchtlinge ein Zuhause finden.
Jesus, Du bist so fern,
wo im Krieg getötet wird,
wo Kinder hungern müssen,
wo die Menschen leiden,
wo die Herzen kalt geworden sind.

Jesus, bleibe Du in unserer Nähe.
Amen.

Aus Vietnam

18

Wenn ich meinen kleinen
Bruder an die Hand nehme,
kann er besser laufen.
Wenn ich mit meinem Vater
in die Stadt gehe, fasst er mich an,
damit mir nichts passiert.

Lieber Gott,
führst Du mich auch,
wenn ich Dich brauche?

Aus Frankreich

19

Gott, Du bist groß und mächtig.
Du hast Himmel und Erde geschaffen.
Du hast auch uns das Leben gegeben
und gibst uns alles,
was wir zum Leben brauchen.
Wir loben Dich und preisen Dich.

Islamisches Gebet aus der Türkei

20

Du voller Korb,
aus dem wir leben!

Du Decke, die uns
schützt und wärmt.

Du Palme, die uns
Schatten spendet.

Du Wasser, das uns
tränkt und erfrischt.

Du Stern, der uns
den Weg zeigt.

Bleibe bei uns!

Aus Afrika

21 Gottes Liebe ist so wunderbar

Worte und Musik: Volksgut (USA)

22

Hinter den sieben Bergen
bei den sieben Zwergen,
spielen dort Kinder wie wir?
Heißen sie Tom, Rosa und Lir?
Ist es dort kalt oder heiß?
Sind die Kinder schwarz oder weiß?
Gibt es dort auch eine Stadt?
Sind die Kinder hungrig oder satt?

Du musst die Reise wagen
und die Kinder selber fragen.

Max Bolliger

23

Schwarze, Weiße, Rote, Gelbe

2. Arm und Reich, Gesunde, Kranke,
Gott hat sie alle lieb.

3. Eltern, Kinder, Lehrer, Schüler,
Gott hat sie alle lieb.

4. Große, Kleine, Jungen, Mädchen,
Gott hat sie alle lieb.

Worte und Musik: Kurt Rommel
Strube Verlag, München-Berlin

24

Alle Kinder dieser Erde
sind vor Gottes Angesicht
eine riesige Familie,
ob sie's wissen oder nicht.

Der Indianerbub im Westen
und aus China Li-Wang-Lo,

auch der schwarze Negerjunge
und der kleine Eskimo.
Alle sind genau so gerne froh
und lustig auf der Welt,
freu'n sich über Mond und Sterne
unterm gleichen Himmelszelt.

Spielen, lernen, singen, lachen,
raufen sich auch mal geschwind.
Alle sind sie Gottes Kinder,
welcher Farbe sie auch sind.

25

Der Gott, an den ich glaube,
ist in einer Höhle zur Welt gekommen, war Jude,
wurde von einem ausländischen König verfolgt
und zog wie ein Fremder in Palästina umher.
Er ließ sich begleiten von Leuten aus dem Volk,
er gab denen, die Hunger hatten, zu essen;
denen, die im Dunkeln lebten, Licht;
denen, die im Gefängnis saßen, Befreiung;
denen, die Gerechtigkeit verlangten, Frieden.

Aus Lateinamerika

26

Herr, unsere Erde ist nur ein kleines Gestirn
im großen Weltall.
An uns liegt es,
daraus einen Planeten zu machen,
dessen Geschöpfe nicht von Kriegen gepeinigt werden,
nicht von Hunger und Furcht gequält,
nicht zerrissen in sinnlose Trennung
nach Rasse, Hautfarbe oder Weltanschauung.
Gib uns den Mut und die Voraussicht,
schon heute mit diesem Werk zu beginnen,
damit unsere Kinder und Kindeskinder
einst mit Stolz
den Namen Mensch tragen. Amen

Gebet der Vereinten Nationen

Die großen christlichen Gebete

Kreuzzeichen, Vaterunser, Ave Maria und andere christliche Grundgebete stehen – aus dem Blickwinkel von Kindern betrachtet – nicht am Anfang. Es sind vielmehr Gebete zum »Hineinwachsen«. Erst allmählich haben auch die Eltern diese Worte sprechen und ihren Sinn verstehen gelernt. Aber sie können ein Leben lang zur Verbindungsbrücke zwischen Kindern und Eltern und zu »allen Menschen guten Willens« und zu Gott werden. Treue Begleiter in allen Lebenslagen.

1

So fange ich an …
und schlage das Kreuz:

Gott liebt mich
von oben bis unten
und von allen Seiten.
Amen.

2

Im Namen des Vaters
und des Sohnes
und des Heiligen Geistes.
Amen.

3

Wenn ich allein und einsam bin
und ich denke daran,
dass Gott immer und überall bei mir ist,
wenn ich mich freue,
dass ich gesund bin,
dass ich spielen, springen und leben darf,
bete ich:

VATER UNSER IM HIMMEL,
GEHEILIGT WERDE DEIN NAME.

Wenn ich sehe,
dass in der Welt nicht alles in Ordnung ist,
dass es Kriege gibt und Unrecht geschieht,
wenn ich beobachte,
dass trotzdem viele Menschen hoffen:
»Es wird einmal besser werden!«
Dann bitte ich:

DEIN REICH KOMME.
DEIN WILLE GESCHEHE
WIE IM HIMMEL, SO AUF ERDEN!

Wenn ich in die Zeitungen schaue
und in den Nachrichten höre und sehe,
wie arme Menschen Hunger und Not leiden,
und andere Menschen setzen alles daran,
ihnen zu helfen,
dann rufe ich zu Dir:

UNSER TÄGLICHES BROT
GIB UNS HEUTE.

Wenn ich spüre,
dass weder meine Eltern noch ich selbst,
dass eigentlich kein Mensch alles richtig macht,
dass ich sogar mit meinem besten Freund,
meiner besten Freundin in Streit gerate,
bete ich:

UND VERGIB UNS UNSERE SCHULD,
WIE AUCH WIR VERGEBEN
UNSEREN SCHULDIGERN.

Wenn ich erlebe,
dass es mir manchmal Freude bereitet,
andere zu ärgern und ihnen weh zu tun,
wenn ich mitbekomme,
wie Menschen teuflisch gefoltert und ermordet werden,
bitte ich:

UND FÜHRE UNS NICHT IN VERSUCHUNG,
SONDERN ERLÖSE UNS VON DEM BÖSEN.

Wenn ich Gott danken möchte für alles,
was ich bin und was ich kann,
wenn ich ihm sagen möchte,
dass ich auf ihn vertraue,
weil er unsere Sorgen kennt
und weil der die ganze Welt in seinen Händen hält,
rufe ich ihm zu:

DENN DEIN IST DAS REICH UND DIE KRAFT
UND DIE HERRLICHKEIT IN EWIGKEIT.
AMEN.

4

Vater unser im Himmel,
geheiligt werde Dein Name.
Dein Reich komme,
Dein Wille geschehe
wie im Himmel so auf Erden.
Unser tägliches Brot gib uns heute.
Und vergib uns unsere Schuld
wie auch wir vergeben unseren Schuldigern.
Und führe uns nicht in Versuchung,
sondern erlöse uns von dem Bösen.
Denn Dein ist das Reich
und die Kraft
und die Herrlichkeit
in Ewigkeit. Amen.

5 Vaterunser-Lied aus Lateinamerika

Wie im Himmel, also auch auf Erden, geheiligt ...
Unser täglich Brot, Herr, gib uns heute, geheiligt ...

Und vergib uns all unsre Schulden, geheiligt ...
Wie auch wir vergeben unseren Schuldnern, geheiligt ...

Und führ uns, Herr, nicht in Versuchung, geheiligt ...
Sondern erlöse uns von dem Bösen, geheiligt ...

Denn Dein ist das Reich und die Kraft und, geheiligt ...
Und die Herrlichkeit in Ewigkeit. Amen, geheiligt ...

Worte: Liturgie – Musik: Volksgut (Lateinamerika)

6

EHRE SEI DEM VATER –
dem Gott, der uns nahe ist
wie eine gute Mutter,
wie ein lieber Vater

UND DEM SOHN –
dem Gott, der uns an Weihnachten
seinen Sohn sandte,
um uns Menschen noch näher zu sein

UND DEM HEILIGEN GEIST –
dem Gott, der uns an Pfingsten
seinen Geist sandte,
um bei uns zu sein alle Tage
bis ans Ende der Welt.

WIE IM ANFANG
SO AUCH JETZT
UND ALLEZEIT
UND IN EWIGKEIT.
AMEN.
Diesen Gott wollen wir ehren
wie die Menschen, die vor uns lebten
und die nach uns leben werden.
Amen.

7

Ehre sei dem Vater
und dem Sohn
und dem Heiligen Geist,
wie im Anfang
so auch jetzt
und allezeit
und in Ewigkeit.
Amen.

8

GEGRÜSSET SEIST DU, MARIA, VOLL DER GNADE!
Der Schriftsteller Lukas sagt in der Bibel:
Ein Engel hat dich so gegrüßt
und Gottes Segen gebracht.

DER HERR IST MIT DIR.
Gott ist dir ganz nahe,
Er schenkt dir mit seiner Liebe Kraft.

DU BIST GEBENEDEIT UNTER DEN FRAUEN
UND GEBENEDEIT IST DIE FRUCHT DEINES LEIBES, JESUS.
Du bist besonders gesegnet
unter allen Frauen,
die früher gelebt haben
und die in Zukunft leben werden,
und gesegnet bist du vor allem
durch dein Kind, Jesus.

HEILIGE MARIA, MUTTER GOTTES,
BITTE FÜR UNS SÜNDER,
JETZT UND IN DER STUNDE UNSERES TODES. AMEN
Maria, du Mutter Jesu,
bitte für uns, weil wir immer wieder Fehler machen
und anderen etwas schuldig bleiben.
Bitte für uns schon jetzt und wenn unser Tod naht.
Amen.

9

Gegrüßet seist du, Maria, voll der Gnade.
Der Herr ist mit dir.
Du bist gebenedeit unter den Frauen,
und gebenedeit ist die Frucht deines Leibes, Jesus.
Heilige Maria, Mutter Gottes,
bitte für uns Sünder,
jetzt und in der Stunde unseres Todes.
Amen.

10

Liebe Maria,
du trägst Jesus auf dem Arm.
Trage auch mich.

Du hältst Jesus auf deinem Schoß.
Habe auch mich ganz lieb.

Beschütze alle, die ich lieb habe.
Und alle Menschen auf der ganzen Welt.
Amen.

11

Maria, breit den Mantel aus,
mach Schirm und Schild für uns daraus;
lass uns darunter sicher stehn,
bis alle Stürm' vorübergehn.
Beschützerin voll Güte,
uns allezeit behüte.

Dein Mantel ist sehr weit und breit,
er deckt die ganze Christenheit,
er deckt die ganze, weite Welt,
gibt allen Zuflucht wie ein Zelt.
Beschützerin voll Güte,
uns allezeit behüte.

12

Luthers Morgensegen

Ich danke Dir,
mein himmlischer Vater,
durch Jesus Christus,
Deinen lieben Sohn,
dass Du mich diese Nacht
vor allem Schaden und Gefahr
behütet hast,
und bitte Dich,
Du wollest mich diesen Tag
auch behüten vor Sünden
und allem Übel,
dass Dir all mein Tun
und Leben gefalle.
Denn ich befehle mich,
meinen Leib und Seele
und alles in Deine Hände.
Dein heiliger Engel sei mit mir,
dass der böse Feind
keine Macht an mir finde.

13

Der Sonnengesang des Franz von Assisi

ICH WILL DICH LOBEN, GOTT,
DURCH SCHWESTER SONNE!

Wunderbar ist sie anzuschauen,
wenn sie auf- oder untergeht.
Zwar brennt sie manchmal heiß
auf meine Haut
durch das Ozonloch hindurch,
aber trotzdem:
Ich will Dich loben, Gott,
durch Schwester Sonne,
sie bringt uns den Tag
und das Licht.

ICH WILL DICH LOBEN, GOTT,
DURCH BRUDER MOND UND DIE STERNE!

Sie funkeln so schön in der Nacht
aus unvorstellbarer Ferne.
Zwar haben sie etwas Konkurrenz
bekommen durch Raumschiffe
und -stationen, aber trotzdem:
Ich will Dich loben, Gott,
durch Bruder Mond und die Sterne,
Du lässt sie am Himmel ihre Bahnen
ziehen hell und klar.

ICH WILL DICH LOBEN, GOTT, DURCH BRUDER WIND UND DIE LUFT!

Herrlich fühlt es sich an, wenn er mir
beim Fahrradfahren durchs Haar streicht.
Zwar raubt mir manchmal
der Smog den Atem,
aber trotzdem:
Ich will Dich loben, Gott,
durch Bruder Wind und die Luft,
sie bringen Regen und Sonnenschein
und lassen meinen Drachen fliegen.

ICH WILL DICH LOBEN, GOTT, DURCH SCHWESTER WASSER!

Sie löscht meinen Durst,
und wenn ich darin bade,
fühle ich mich wie neu geboren.
Zwar kann ich nicht mehr in
jedem Fluss schwimmen und
plantschen, und in vielen
sind schon die Fische gestorben,
aber trotzdem:
ich will Dich loben, Gott,
durch Schwester Wasser,
ohne sie könnte nichts leben
und wachsen auf dieser Erde.

ICH WILL DICH LOBEN, GOTT, DURCH BRUDER FEUER!

Er wärmt so schön
und gart unser Essen.
Zwar bedroht er uns auch durch
Waldbrände und Atomexplosionen,
aber trotzdem:
Ich will Dich loben, Gott,
durch Bruder Feuer,
er schmiedet das Eisen
und ist gewaltig stark.

ICH WILL DICH LOBEN, GOTT, DURCH MUTTER ERDE!

Sie trägt und erhält uns
mit ihren Früchten.
Zwar türmen sich auch Berge
voll Müll auf ihr
und zerstören die Landschaft,
aber trotzdem:
Ich will Dich loben, Gott,
durch Mutter Erde,
sie erfreut uns Jahr um Jahr
mit ihren Blumen und sättigt
uns mit ihren Früchten.

ICH WILL DICH LOBEN, GOTT, MIT BRUDER FRANZ,

er hat uns dieses Lied geschenkt
vor vielen hundert Jahren,
und uns bewusst gemacht,
wir sind nur ein kleiner Teil
Deiner Schöpfung
und mit allem verbunden wie Geschwister.
Zwar führen wir uns manchmal auf
wie die Kings und führen Krieg,
aber trotzdem:
Ich will Dich loben, Gott,
mit Bruder Franz,
damit dieses Lied nicht endet
zu Deiner und unserer Freude.
Amen.

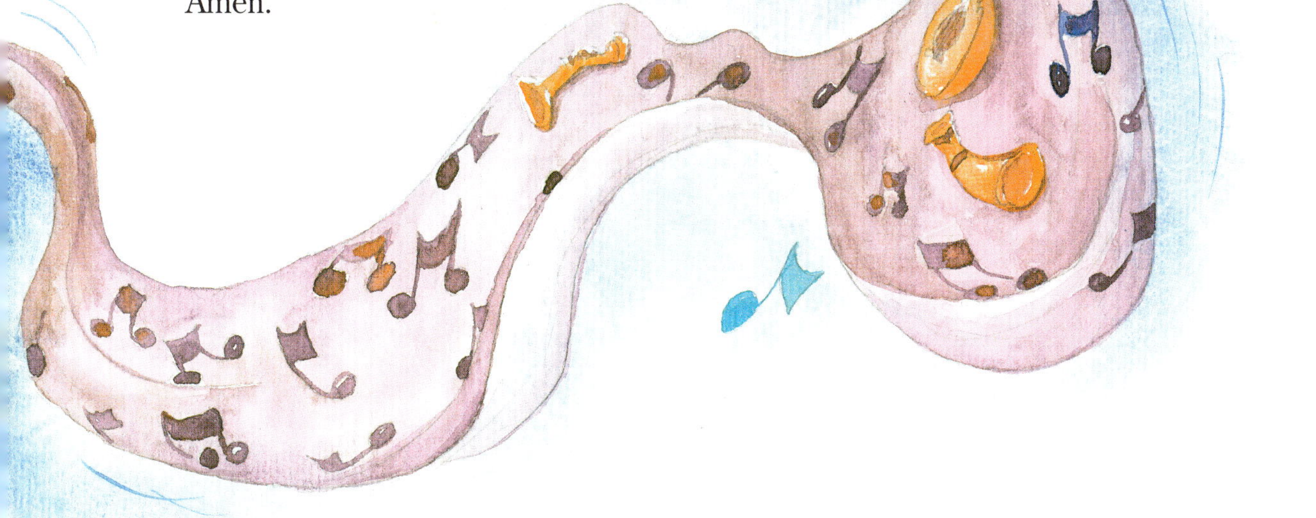

14

Ich habe gehört,
wie die Sonne geredet hat,
als sie unterging,
groß und rot.

Da hat sie gerufen:
»Mond! Komm! Es ist Zeit!«

Und dann kam der Mond,
silbern, zwischen den Wolken,
und sagte: »Ich bin schon da!«

Ich habe gehört,
als der Mond am Himmel stand,
wie er leise gesagt hat:
»Sonne, du musst bald kommen.
Es will bald wieder Tag werden.
Und die Erde möchte dich sehen.
Denn es ist schön auf der Erde,
wenn sie dein Licht hat.«

Die Nacht war wie ein Haus,
in dem die Sonne schlief.
Und als sie aufwachte,
kam sie aus der Tür,
streckte sich und sagte:
»Guten Morgen!«
Und dann kam sie,
groß und hell,
über die Dächer und machte,
dass man die Häuser
und die Bäume
wieder sehen konnte.

Sie fing an zu laufen
und lief über den ganzen Himmel
und schaute in alle Häuser,
und als wir beim Mittagessen saßen,
war sie ganz hoch oben.

Am Abend ging sie wieder
in ihr Haus.
Und ehe sie die Vorhänge zuzog
und den Laden herunterließ,
rief sie durchs Fenster:
»Mond! Komm, es ist Zeit.«

Der Mond und die Sonne
reden mit Dir,
Vater im Himmel,
wie wir es auch tun.
Und es ist schön,
dass Du Dich freust an dem,
was wir Dir sagen.

Nach Psalm 19

15

Gott ist besorgt um mich
wie ein guter Hirte um seine Schafe.
Nichts wird mir fehlen.
Er kennt meine geheimsten Wünsche
und erfüllt sie so,
wie es am besten für mich ist.
Und müsste ich wandern
in dunkler Nacht.
Ich brauche keine Angst zu haben;
denn Gott ist mir nahe.

Nach Psalm 23

16

Lobt alle Gott!

... für die Berge und die Täler,
für die Flüsse und die Meere.

... für die Pflanzen und die Tiere,
für die Fische und die Vögel.

... für die Tiere auf dem Lande
und für alle, alle Menschen.

Worte und Musik: Gertrud Lorenz
Kösel-Verlag, München/Verlag Kaufmann, Lahr

17

Ich will Gott rühmen,
alles, was in mir ist,
mein Herz und mein Geist,
soll ihn preisen.

Denn wie ein Vater sich
liebend kümmert um seine Kinder,
so wendet Gott sich uns zu.

Denn er weiß,
was für schwache Geschöpfe wir sind,
er weiß, dass wir Staub sind.

Unser Leben ist ja wie Gras,
wir blühen
wie eine Blume auf dem Feld.

Wenn der Wind darüber streift,
schwindet sie,
und niemand weiß mehr die Stelle,
an der sie blühte.

Gottes Liebe aber bleibt
über Zeiten hin und Ewigkeiten,
bei Kindern und Kindeskindern.

Er hat in der Höhe einen Thron,
und sein Reich
umgreift die Welt.

Rühmt Gott,
ihr, seine Werke,
ihr Engel und Menschen.

Es preise ihn alles, was ist,
und auch du, meine Seele,
rühme den Herrn.

Nach Psalm 103

18

Gott spricht:
Du willst mir vertrauen,
so werde ich dir auch helfen.
Du bittest mich um Schutz,
so will ich dich auch stützen.
Du rufst zu mir,
so will ich dich erhören.
Ich bin bei dir in der Not.
Ich rette dich
und führe dich ins Licht.
Ich gebe dir Leben
jetzt und immer,
und du sollst am Ende deiner Wege
mich schauen.

Nach Psalm 91

19

Wo ich gehe, bist Du da.
Wo ich stehe, bist Du da.
Wo ich sitze, bist Du da.
Wo ich liege, bist Du da.
Wenn's mir gut geht, bist Du da.
Wenn's mir schlecht geht, bist Du da.
In der Schule bist Du da.
Auch zu Hause bist Du da.
Wenn ich spiele, bist Du da.
Bei der Arbeit bist Du da.
Du bist oben im Himmel,
Du bist unten auf der Erde.
Wohin ich mich wende,
Du bist an jedem Ende.
Du bist immer da.

Nach Psalm 139

20

Gott, ich öffne meine Augen
und schaue mich um:
Wer hilft mir heute?
Ist keiner da?
Gott hilft mir.
Er hat es versprochen.
Ich weiß:
Gott lässt mich nicht fallen.
Er ist bei mir, wohin ich auch gehe.
Gott schläft nicht.
Er vergisst mich nie.
Gott sorgt für mich.
Er beschützt mich am Tage
und behütet in der Nacht
meinen Schlaf.
Er will mich bewahren
vor allem Bösen.
Wirklich:
Gott ist bei mir, solange ich lebe.
Gott behütet mein Kommen
und Gehen,
heute und an jedem Tag.

Nach Psalm 121

Verwendete Literatur

Baldermann, Ingo, Wer hört mein Weinen? Kinder entdecken sich selbst in Psalmen. Neukirchen-Vluyn: Neukirchener Verlagshaus 1986.

Betz, Felizitas, Die Seele atmen lassen. Mit Kindern Religion entdecken. München: Kösel 1996.

Behnke, Maria · Ziegler, Maria, Wir singen Gottes Lob. Kevelaer-Hildesheim: Butzon & Bercker-Bernward 1978.

Bock, Sebastian, Behüte mich auf meinen Wegen. Mödling-Wien: St. Gabriel 1989.

Bogerts, Hildegard, »Gott liebt mich, darum gibt's mich.« Trier: Katechetisches Institut o.J.

Bolliger, Max, Weißt du, warum wir lachen und weinen. Lahr: E. Kaufmann 1977.

»Du bist mein Freund.« Kindergebete aus den Jungen Kirchen. Aachen-München: Missio 1984.

Ebner, Robert, Gott kann ich alles sagen. Beten mit Kindern. München: Don Bosco 1994.

Freese, Hans-Ludwig, Kinder sind Philosophen. Berlin: Freese 1989.

Halbfas, Hubertus, Religionsunterricht für die Grundschule. Lehrerhandbücher 1-4. Düsseldorf: Patmos 1983-1986.

Korherr, Edgar Josef, Beten lehren – Beten lernen. Grundkurs der Gebetspädagogik. Graz: Styria 1991.

Marchon, Benoit · Goffin, Josse, Ich möchte ganz still sitzen. Gedichte zum Beten. Mödling-Wien: St. Gabriel 1988.

Nothelle, Claudia (Hg.), Halte uns in deiner Hand. Kindergebete aus aller Welt. Kevelaer: Butzon & Bercker 1990.

Oberthür, Rainer, Kinder und die großen Fragen. Kösel: München 1995.

Rogge, Richard · Storkenmeier, Helga, Sag du zu Gott. Neue Gebete für Sonderschulen. München: Claudius-Don Bosco 1991.

Schaller, Hans, Gebet. In: Neues Handbuch theologischer Grundbegriffe Bd. 2. München: Kösel 1986 (144-152).

Schwab, Renate, Kinder beten mit den Herzen. München: Verlag Neue Stadt 1990.

Zink, Heidi und Jörg, Wie Sonne und Mond einander rufen. Gespräche und Gebete mit Kindern. Mit Bildern von Hans Deininger. Stuttgart: Kreuz Verlag 1980.

Quellennachweis

Wir danken folgenden Verlagen und Autoren für die freundliche Erteilung der Abdruckgenehmigung: Hildegard Bogerts, Trier; Max Bolliger, Weesen · Schweiz; Don Bosco Verlag, München; Franz Schneider Verlag, München; Gabriel Verlag, Wien; Hänssler Verlag, Neuhausen, Stuttgart; Bernward Hoffmann; Herder Verlag, Freiburg; Impulse-Musikverlag Ludger Edelkötter, Drensteinfurt; Friedrich Brockhaus Verlag, Mannheim, Leipzig; Friedrich Johannsen, Hannover; Kamensky-Verlag, Hamburg; Kösel Verlag, München; Kreuz Verlag, Stuttgart; Menschenkinder-Musikverlag, Münster; Missio aktuell, Aachen, München 1984; Päpstliches Missionswerk der Kinder, Aachen; Pattloch Verlag, Augsburg; R. Brockhaus Verlag, Wuppertal, Zürich; Michael Scheuermann, Frankfurt · Main; Strube Verlag GmbH, München, Berlin; tvd-Verlag, Düsseldorf; Verlag Butzon & Bercker, Kevelaer; Verlag Ernst Kaufmann, Lahr; Verlag Neue Stadt, Oberpframmern bei München; Verlagsanstalt Tyrolia, Innsbruck, Wien; Zahn Verlag, Limburg.

Die abgedruckten Gebete entstammen folgenden Büchern (alle nicht aufgeführten Texte wurden vom Autor erstellt oder sind Volksgut):

Im Laufe eines Tages

Guten Morgen, lieber Gott · Morgengebete

6 · Uhl, Theresia-Benedicta: Mit dir durch den Tag. Gebete für Kinder. © Don Bosco Verlag. München 1992

7 · Rogge, Richard · Storkenmeier, Helga: Sag du zu Gott. Neue Gebete für Sonderschulen. © Don Bosco Verlag. München 1991

8 · Ebner, Robert: Gott kann ich alles sagen. Beten mit Kindern. © Don Bosco Verlag. München 1994

10 · Zink, Heidi und Jörg: Wie Sonne und Mond einander rufen. Gespräche und Gebete mit Kindern. Mit Bildern von Hans Deininger. Kreuz Verlag. Stuttgart 1980

11 · Zink, Heidi und Jörg: Wie Sonne und Mond einander rufen. Gespräche und Gebete mit Kindern. Mit Bildern von Hans Deininger. Kreuz Verlag. Stuttgart 1980

13 · Nr. 50301. Aus: Halte zu mir heute guter Gott (IMP 1021); Weil du mich so magst (IMP 1036); Wir sind Kinder dieser Erde (IMP 1045). Impulse Musikverlag Ludger Edelkötter. 48317 Drensteinfurt

14 · Rogge, Richard · Storkenmeier, Helga: Sag du zu Gott. Neue Gebete für Sonderschulen. © Don Bosco Verlag. München 1991

Ich mag gerne essen und trinken · Tischgebete

8 · Rogge, Richard · Storkenmeier, Helga: Sag du zu Gott. Neue Gebete für Sonderschulen. © Don Bosco Verlag. München 1991

10 · Lunkenbein, Marilies (Hg.): Mein erstes Gebetbuch. Pattloch Verlag. Augsburg 1993

11 · Johannsen, Friedrich. Hannover

12 · Lunkenbein, Marilies (Hg.): Mein erstes

Gebetbuch. Pattloch Verlag. Augsburg 1993
13 · Ebner, Robert: Gott kann ich alles sagen. Beten mit Kindern. © Don Bosco Verlag. München 1994
14 · Schindler, R.: Gott, ich kann mit dir reden. Verlag Ernst Kaufmann. Lahr 1982
15 · Ebner, Robert: Gott kann ich alles sagen. Beten mit Kindern. © Don Bosco Verlag. München 1994
16 · Rogge, Richard · Storkenmeier, Helga: Sag du zu Gott. Neue Gebete für Sonderschulen. © Don Bosco Verlag. München 1991
17 · KNA-Kinderseitendienst (Michael Scheuermann)
19 · Schwab, Renate: Kinder beten mit dem Herzen. Verlag Neue Stadt, Oberpframmern bei München o. J.
20 · Rogge, Richard · Storkenmeier, Helga: Sag du zu Gott. Neue Gebete für Sonderschulen. © Don Bosco Verlag. München 1991

<u>Ich bin immer unterwegs · Schutzgebete</u>

1 · Bogerts, Hildegard: Gott liebt mich, darum gibt's mich! Gebete, die Verbindung halten mit Gott und untereinander. Hrsg. v. Ref. Elem. Relg. Bildung im Katechetischen Institut des Bistums Trier. Trier o. J.
3 · Lunkenbein, Marilies (Hg.): Mein erstes Gebetbuch. Pattloch Verlag. Augsburg 1993
7 · Fliege, Jürgen: Kinderbeatmesse »Lasst uns Kinder Kinder sein«. tvd-Verlag. Düsseldorf o. J.
8 · Kamensky-Verlag, Hamburg

<u>Müde bin ich, geh zur Ruh · Abendgebete</u>

5 · Bogerts, Hildegard: Gott liebt mich, darum gibt's mich! Gebete, die Verbindung halten mit Gott und untereinander. Hrsg. v. Ref. Elem. Relg. Bildung im Katechetischen Institut des Bistums Trier. Trier o. J.
6 · Scheffler U. · Hutter E.: Gott hört uns. Verlag Herder. Freiburg 1991
7 · Scheffler U. · Hutter E.: Gott hört uns. Verlag Herder. Freiburg 1991
8 · Jorissen, I. · Meyer, H. B.: Kindergebet. Verlagsanstalt Tyrolia. Innsbruck, Wien 1975[2]
11 · Hoffmann, Bernward (Übersetzung)
15 · Ebner, Robert: Gott kann ich alles sagen. Beten mit Kindern. © Don Bosco Verlag. München 1994
17 · Bichler, Albert: Über uns der Himmel. Neue Kindergebete. Franz Schneider Verlag. München 1997
19 · Bichler, Albert: Über uns der Himmel. Neue Kindergebete. Franz Schneider Verlag. München 1997
20 · Zink, Heidi und Jörg: Wie Sonne und Mond einander rufen. Gespräche und Gebete mit Kindern. Mit Bildern von Hans Deininger. Kreuz Verlag. Stuttgart 1980

Tagein, tagaus – Jahr für Jahr

<u>Staunen und danken will ich · Dankgebete</u>

5 · © Bolliger, Max. Weesen · Schweiz
6 · © Bolliger, Max. Weesen · Schweiz
7 · © Bolliger, Max. Weesen · Schweiz
8 · Menschenkinder-Musikverlag. Münster

<u>Mich freuen und Dich loben darf ich · Lobgebete</u>

1 · Nr. 50172. Aus: Weil du mich so magst (IMP 1036). Impulse Musikverlag Ludger Edelkötter. 48317 Drensteinfurt
3 · Bogerts, Hildegard: Gott liebt mich, darum gibt's mich! Gebete, die Verbindung halten mit Gott und untereinander. Hrsg. v. Ref. Elem. Relg. Bildung im Katechetischen Institut des Bistums Trier. Trier o. J. (leicht geändert)

5 · Bogerts, Hildegard: Gott liebt mich, darum gibt's mich! Gebete, die Verbindung halten mit Gott und untereinander. Hrsg. v. Ref. Elem. Relg. Bildung im Katechetischen Institut des Bistums Trier. Trier o. J.
6 · Bogerts, Hildegard: Gott liebt mich, darum gibt's mich! Gebete, die Verbindung halten mit Gott und untereinander. Hrsg. v. Ref. Elem. Relg. Bildung im Katechetischen Institut des Bistums Trier. Trier o. J. (leicht geändert)
7 · Bogerts, Hildegard: Gott liebt mich, darum gibt's mich! Gebete, die Verbindung halten mit Gott und untereinander. Hrsg. v. Ref. Elem. Relg. Bildung im Katechetischen Institut des Bistums Trier. Trier o. J. (leicht geändert)
10 · Kösel Verlag. München o. J.

Manchmal bin ich traurig und habe Angst · Klagegebete
1 · Ebner, Robert: Gott kann ich alles sagen. Beten mit Kindern. © Don Bosco Verlag. München 1994
2 · © Max Bolliger. Weesen · Schweiz
3 · KNA-Kinderseitendienst (Michael Scheuermann)
5 · Rogge, Richard · Storkenmeier, Helga: Sag du zu Gott. Neue Gebete für Sonderschulen. © Don Bosco Verlag. München 1991
6 · Bogerts, Hildegard: Gott liebt mich, darum gibt's mich! Gebete, die Verbindung halten mit Gott und untereinander. Hrsg. v. Ref. Elem. Relg. Bildung im Katechetischen Institut des Bistums Trier. Trier o. J.
8 · KNA-Kinderseitendienst (Michael Scheuermann)
10 · Bogerts, Hildegard. Aus: Gebete mit Kindern. Hg. vom Bischöflichen Generalvikariat Osnabrück. Verlag Kirchenbote. Osnabrück 1980 (leicht geändert)
13 · © Bolliger, Max. Weesen · Schweiz
14 · © Bolliger, Max. Weesen · Schweiz
15 · Fliege, Jürgen: Kinderbeatmesse »Wie der Angst die Luft ausgeht«. tvd-Verlag. Düsseldorf o. J.

Ich habe tausend Wünsche, Bitten und Hoffnungen · Bittgebete
1 · Nr. 50348. Aus: Weil du mich so magst (IMP 1036). Impulse Musikverlag Ludger Edelkötter. 48317 Drensteinfurt
2 · Nr. 50750. Aus: Mach aus Fremden Freunde (IMP 1010). Impulse Musikverlag Ludger Edelkötter. 48317 Drensteinfurt
3 · Seidel, Uwe: Keinen Tag soll es geben. tvd-Verlag. Düsseldorf o. J.
4 · Aus: Schule und Mission. Päpstliches Missionswerk der Kinder. Aachen o. J.
5 · Ebner, Robert: Gott kann ich alles sagen. Beten mit Kindern. © Don Bosco Verlag. München 1994
6 · Zink, Heidi und Jörg: Wie Sonne und Mond einander rufen. Gespräche und Gebete mit Kindern. Mit Bildern von Hans Deininger. Kreuz Verlag. Stuttgart 1980
8 · Marchon, Benoit · Goffing, Josse: Ich möchte ganz still sitzen. Gedichte zum Beten. Gabriel Verlag. Wien 1988
9 · Aus: Viele kleine Leute. Menschenkinder-Musikverlag. 48157 Münster
11 · Nr. 50117. Aus: Biblische Spiellieder Haiti (IMP 1015); Wir sind Kinder dieser Erde (IMP 1045). Impulse Musikverlag Ludger Edelkötter. 48317 Drensteinfurt

Feste feiern macht mir großen Spaß
2 · Aus: Du bist mein Freund. Kindergebete aus den Jungen Kirchen. Missio aktuell. Aachen 1984
3 · KNA-Kinderseitendienst (Michael Scheuermann)
4 · Aus: Und sie fingen an, fröhlich zu sein.

Menschenkinder-Musikverlag. 48157 Münster
5 · Nr. 50729. Aus: Wir feiern heut ein Fest (IMP 1022); Weil du mich so magst (IMP 1036). Impulse Musikverlag Ludger Edelkötter. 48317 Drensteinfurt

Freunde zu haben ist ein Glück

1 · Aus: Du bist mein Freund. Kindergebete aus den Jungen Kirchen. Missio aktuell. Aachen o. J.
2 · Rogge, Richard · Storkenmeier, Helga: Sag du zu Gott. Neue Gebete für Sonderschulen. © Don Bosco Verlag. München 1991
5 · Traub, Hermann: Ich will leben. Ein Magazin für junge Leute. R. Brockhaus Verlag. Wuppertal, Zürich 1991
6 · Aus: Du bist mein Freund. Kindergebete aus den Jungen Kirchen. Missio aktuell. Aachen
7 · Seidel, Uwe: Keinen Tag soll es geben. tvd-Verlag. Düsseldorf o. J.
11 · Aus: Feiert Gott in euerer Mitte. Hänssler Verlag. Neuhausen, Stuttgart 1978

Gib mir und der ganzen Welt deinen Segen! · Segensgebete

1 · Bogerts, Hildegard: Gott liebt mich, darum gibt's mich! Gebete, die Verbindung halten mit Gott und untereinander. Hrsg. v. Ref. Elem. Relg. Bildung im Katechetischen Institut des Bistums Trier. Trier o. J.
3 · Scheffler, Ursel · Hutter, Elisabeth: Gott hört uns. Verlag Herder. Freiburg 1991

Kindergebete rund um den Erdball

Allerweltsgebete

2 · Aus: Du bist mein Freund. Kindergebete aus den Jungen Kirchen. Missio aktuell. Aachen o. J.
3 · Aus: Du bist mein Freund. Kindergebete aus den Jungen Kirchen. Missio aktuell. Aachen o. J.
4 · Nothelle, Claudia (Hg.): Halte uns in deiner Hand. Kindergebete aus aller Welt. Verlag Butzon & Bercker. Kevelaer 1990
5 · Krenzer, Rolf (Hg.): Halte zu mir heute, guter Gott. Zahn Verlag. Limburg o. J.
6 · Aus: Du bist mein Freund. Kindergebete aus den Jungen Kirchen. Missio aktuell. Aachen o. J.
7 · Leist, Marielene: Gebetbuch für Kinder und ihre Eltern. Herder Verlag. Freiburg o. J.
9 · Aus: Unterwegs mit einem guten Stern. Missio aktuell. Aachen o. J.
10 · Aus: Du bist mein Freund. Kindergebete aus den Jungen Kirchen. Missio aktuell. Aachen o. J.
11 · Aus: Du bist mein Freund. Kindergebete aus den Jungen Kirchen. Missio aktuell. Aachen o. J.
12 · Pawelzik, Fritz: Ich werfe meine Freude an den Himmel. Gesammelte Gebete aus Afrika. R. Brockhaus Verlag. Wuppertal o. J.
13 · Aus: Schule und Mission. Päpstliches Missionswerk der Kinder. Aachen o. J.
14 · Zink, Heidi und Jörg: Wie Sonne und Mond einander rufen. Gespräche und Gebete mit Kindern. Mit Bildern von Hans Deininger. Kreuz Verlag. Stuttgart 1980
15 · Nothelle, Claudia (Hg.): Halte uns in deiner Hand. Kindergebete aus aller Welt. Verlag Butzon & Bercker. Kevelaer 1990 (geändert)
16 · Nothelle, Claudia (Hg.): Halte uns in deiner Hand. Kindergebete aus aller Welt. Verlag Butzon & Bercker. Kevelaer 1990
17 · Nothelle, Claudia (Hg.): Halte uns in deiner Hand. Kindergebete aus aller Welt. Verlag Butzon & Bercker. Kevelaer 1990
18 · Nothelle, Claudia (Hg.): Halte uns in deiner Hand. Kindergebete aus aller Welt. Verlag Butzon & Bercker. Kevelaer 1990
19 · Rogge, Richard · Storkenmeier, Helga: Sag du zu Gott. Neue Gebete für Sonderschulen. © Don Bosco Verlag. München 1991
20 · Bogerts, Hildegard: Gott liebt mich, darum

gibt's mich! Gebete, die Verbindung halten mit Gott und untereinander. Hrsg. v. Ref. Elem. Relg. Bildung im Katechetischen Institut des Bistums Trier. Trier o. J.
22 · © Bolliger, Max. Weesen · Schweiz
23 · © Strube Verlag GmbH, München, Berlin
24 · Beto, Frei: Der Gott an den ich glaube. In: Basisgemeinden und Befreiung. Hg. v. A. Reiser und G. Schoenborn. Friedrich Brockhaus Verlag. Mannheim, Leipzig 1981

Die großen christlichen Gebete

1 · Bogerts, Hildegard: Gott liebt mich, darum gibt's mich! Gebete, die Verbindung halten mit Gott und untereinander. Hrsg. v. Ref. Elem. Relg. Bildung im Katechetischen Institut des Bistums Trier. Trier o. J.
10 · Bogerts, Hildegard: Gott liebt mich, darum gibt's mich! Gebete, die Verbindung halten mit Gott und untereinander. Hrsg. v. Ref. Elem. Relg. Bildung im Katechetischen Institut des Bistums Trier. Trier o. J.
14 · Zink, Heidi und Jörg: Wie Sonne und Mond einander rufen. Gespräche und Gebete mit Kindern. Mit Bildern von Hans Deininger. Kreuz Verlag. Stuttgart 1980
16 · Krenzer, Rolf (Hg.): 100 einfache Lieder Religion. Kösel-Verlag. München
17 · Krenzer, Rolf (Hg.): 100 einfache Lieder Religion. Kösel-Verlag. München
18 · Krenzer, Rolf (Hg.): 100 einfache Lieder Religion. Kösel-Verlag. München
19 · Rogge, Richard · Storkenmeier, Helga: Sag du zu Gott. Neue Gebete für Sonderschulen. © Don Bosco Verlag. München 1991
20 · Rogge, Richard · Storkenmeier, Helga: Sag du zu Gott. Neue Gebete für Sonderschulen. © Don Bosco Verlag. München 1991

Der Quellennachweis wurde von Autor und Verlag nach bestem Wissen und Gewissen erstellt. Sollte dennoch ein Urheberrecht übersehen worden sein, so ist das ohne Absicht geschehen. Selbstverständlich ist der Verlag in diesem Fall zur Nachhonorierung bereit. Der Quellenvermerk wird in diesem Fall in der zweiten Auflage berücksichtigt.

Über dieses Buch

Der Autor

Als Theologe und Erziehungswissenschaftler engagiert sich Norbert Weidinger in der Fortbildung für ErzieherInnen und ReligionslehrerInnen. Dabei befasst er sich mit Themen wie der Gestaltung von Festen im Kirchenjahr, Symbolerschließung, Meditation, liturgischen Bildung und Gebetserziehung. Zu Beginn in der Jugendarbeit tätig und über lange Jahre Mitarbeiter im Deutschen Katecheten-Verein München, ist Norbert Weidinger heute Wissenschaftlicher Referent im Religionspädagogischen Zentrum in Bayern sowie Lehrbeauftragter an der Universität München.

Die Illustratorin

Kirsten Straßmann, geboren 1968 in Koblenz, hat Kommunikationsdesign studiert. Danach ließ sie vier Jahre lang in einer Werbeagentur ihrer Kreativität freien Lauf, was mit der Berliner Type (Diplom), einer in Grafikerkreisen begehrten Auszeichnung, gewürdigt wurde. Jetzt arbeitet Kirsten Straßmann als freiberufliche Grafikerin und Illustratorin für Werbeagenturen und Buchverlage. »Meine schönsten Gebete« ist das erste Buch, in dem sie für Gestaltung, Illustration und Satz verantwortlich zeichnet.

Weltbild Buchverlag

Redaktion: Dr. Hermann Ehmann
Umschlag, Layout und DTP/Satz: Kirsten Straßmann · Recklinghausen
Notengrafik: Werner Eickhoff · Freiburg
Druck und Bindung: Neue Stalling GmbH & Co. KG · Oldenburg
Reproduktion: Repro Ludwig · Zell am See
Gedruckt auf chlorfrei gebleichtem Papier
Printed in Germany · ISBN 3-89604-452-4

Wer sucht, der findet...